EPHRAIM KISHON FAMILIENKATASTROPHEN

EPHRAIM KISHON

FAMILIENKATASTROPHEN UND ANDERE FREUDEN

LANGENMÜLLER

Ins Deutsche übertragen von
Friedrich Torberg und Ephraim Kishon

In dieser Reihe sind bereits folgende Bände erschienen:
Die netten Nachbarn
ISBN 978-3-7844-3566-4
Die liebe Verwandtschaft
ISBN 978-3-7844-3542-8
Die tägliche Katastrophe
ISBN 978-3-7844-3543-5

FSC www.fsc.org MIX Papier | Fördert gute Waldnutzung FSC® C014889

Umschlaggestaltung: Studio LZ, Stuttgart
Illustration: Saul Steinberg, Untitled, 1955, Ink on paper
Beinicke Rare Books and Manuscript Library, Yale University

Satz: Buch-Werkstatt GmbH, Bad Aibling
Druck und Binden: Friedrich Pustet GmbH & Co. KG, Regensburg
Printed in Germany
ISBN 978-3-7844-3567-1

www.langenmueller.de

Inhalt

Im Supermarkt

Ich persönlich bin kein Freund von Supermärkten, vor allem deshalb, weil ich mir da drinnen immer vorkomme, als würde ich einen Kinderwagen schieben, eine Tätigkeit, die nicht unbedingt meiner Lebensphilosophie entspricht. Außerdem habe ich bis heute ein Trauma von der frenetischen Kaufhysterie, die in meiner Familie ausbrach, als der erste Supermarkt in unserer Gegend eröffnet wurde.

Gleich am Eingang herrschte lebensgefährliches Gedränge. Wir wurden zusammengepresst wie – tatsächlich, da waren sie auch schon: »Sardinen!«, rief meine Frau in schrillem Entzücken und machte einen sehenswerten Panthersatz direkt an den strategisch aufgestellten Verkaufstisch, rund um den sich bereits zahllose Hausfrauen mit Zähnen und Klauen rauften. Die aufgestapelten Sardinenbüchsen hätten zu einer kleinen Weltreise inspirieren können: Es gab französische, spanische, portugiesische, italienische, jugoslawische, albanische, zypriotische und heimische Sardinen, es gab Sardinen in Öl, in Tomatensauce, in Weinsauce und in Joghurt.

Meine Frau entschied sich für norwegische Sardinen und nahm noch zwei Dosen von ungewisser Herkunft dazu. »Hier ist alles so viel billiger«, sagte sie. »Aber wir haben doch kein Geld mitgenommen.«

»In meiner Handtasche war zufällig noch ein bisschen.« Und damit ergriff sie eines dieser handlichen Einkaufsgestelle auf Rädern und legte die elf Sardinenbüchsen hinein. Nur aus Neugier, nur um zu sehen, was das eigentlich sei, legte sie eine Dose mit der Aufschrift »Gold-Syrup« dazu. Plötzlich wurde sie blass.

»Rafi! Um Himmels willen, wo ist Rafi?« Wir fühlten uns ungefähr wie ein Elternpaar, dessen knapp achtzehn Monate altes Kind unter den Hufen einer einhertrampelnden Büffelherde verschwunden ist. »Rafi!«, brüllten wir beide. »Rafael! Liebling!«

»Spielwarenabteilung, zweiter Block links«, half uns ein leidgeprüfter Verkäufer. Im nächsten Augenblick zerriss ein explosionsartiger Knall unser Trommelfell. Der Supermarkt erzitterte bis in die Grundfesten und neigte sich seitwärts. Wir seufzten erleichtert auf. Rafi hatte sich an einer kunstvoll aufgerichteten Pyramide von etwa fünfhundert Obstkonserven zu schaffen gemacht und hatte mit dem untrüglichen Instinkt des Kleinkindes die zentrale Stützkonserve aus der untersten Reihe herausgezogen.

Um unseren kleinen Liebling für den erlittenen Schreck zu trösten, kauften wir ihm ein paar Süßigkeiten, Honig, Schweizer Schokolade, holländischen Kakao, etwas pulverisierten Kaffee und einen Beutel Pfeifentabak. Während ich die Kleinigkeiten in unserem Einkaufswägelchen verstaute, sah ich dort noch eine Flasche Parfüm, ein Dutzend Notizbücher und zehn Kilo rote Rüben liegen.

»Weib!«, rief ich aus. »Das ist nicht unser Wagen!«

»Nicht? Na wennschon!« Diese Antwort hatte tatsächlich etwas für sich, denn es war kein schlechter Tausch, den wir da machten. Unser neuer Wagen enthielt nämlich bereits eine wohlsortierte Auswahl Käsesorten, Desserts in verschiedenen Farben, Badetücher und einen Besen. »Können wir alles brauchen«, erklärte meine Frau. »Fragt sich nur, womit wir's bezahlen sollen.«

»So ein Zufall.« Ich wunderte mich. »Eben habe ich in meiner Hosentasche die Pfundnoten entdeckt, die ich neulich so lange gesucht habe.«

Von Gier getrieben, zogen wir weiter, wurden Zeugen eines mitreißenden Handgemenges dreier Damen, deren Einkaufswagen in voller Fahrt kollidiert waren. Inzwischen war Rafi aufs Neue verschwunden. Wo war er nur? Wir fanden ihn beim ehemaligen Eierregal.

»Wem gehört dieser Wechselbalg?«, schnaubte der Obereierverkäufer, gelb vor Wut und Eidotter. »Wer ist für dieses Monstrum verantwortlich?«

Eilig schleppten wir unseren Sohn ab, kauften noch einige Chemikalien für Haushaltszwecke und kehrten zu unsrem Wagen zurück, in den inzwischen irgendjemand eine Auswahl griechischer Weine, eine Kiste Zucker und mehrere Kannen Öl geworfen hatte. Um Rafi bei Laune zu halten, setzten wir ihn auf die Bank und kauften ihm ein japanisches Schaukelpferd, dem wir zwei Paar reizende Hausschuhe für Rafis Eltern unter den Sattel schoben.

»Weiter!«, stöhnte meine Gattin mit glasigen Augen. »Mehr!« Wir angelten uns einen zweiten Wagen, stießen zur Abteilung »Fleisch und Geflügel« vor und ergriffen mehrere Hühner, Enten und Lämmer, verschiedene Wurstwaren, Frankfurter, geräucherte Zunge, geräucherte Gänsebrust, Rauchfleisch, Kalbsleberpastete, Gänseleberpastete, Dorschleberpastete, Karpfen, Krabben, Krebse, Lachs, einen halben Wal und etwas Lebertran. Nach und nach kamen verschiedene Eierkuchen hinzu, Paprika, Zwiebeln, Kapern, eine Fahrkarte nach Capri, Zimt, Vanille, Vaseline, vasomotorische Störungen, Bohnen, Odol, Spargel, Speisesoda, Äpfel, Nüsse, Pfefferkuchen, Feigen, Datteln, Langspielplatten, Wein, Weib, Gesang, Spinat, Hanf, Melonen, ein Carabiniero, Erdbeeren, Himbeeren, Brombeeren, Blaubeeren, Haselnüsse, Kokosnüsse, Erdnüsse, Walnüsse, Mandarinen, Mandolinen, Oliven, Birnen, auch elektrische, ein Aquarium, Brot, Schnittlauch, Leukoplast, ein Flohzirkus, ein Lippenstift, ein Mieder, Ersatzreifen, Stärke, Kalorien, Vitamine, Proteine, ein Satellit und noch ein paar kleinere Gebrauchsgegenstände.

Unseren aus sechs Wagen bestehenden Zug zur Kasse zu führen, war nicht ganz einfach, weil das Kalb, das ich an den letzten Wagen angebunden hatte, immer zu seiner Mutter zurückwollte. Schließlich waren wir so weit, und der Kassierer begann schwitzend die Rechnung zusammenzustellen. Ich nahm an, dass sie ungefähr dem Defizit der staatlichen Handelsbilanz entsprechen würde, aber zu meinem Erstaunen belief sie sich auf nicht viel mehr als

4000 Pfund. Was uns am meisten beeindruckte, war die Geschicklichkeit, mit der unsere Warenbestände in große, braune Papiersäcke verpackt wurden. Nach wenigen Minuten war alles fix und fertig. Nur unser Erstgeborener, Rafi, fehlte.

»Haben Sie nicht irgendwo einen ganz kleinen Buben gesehen?«, fragten wir die Umstehenden. Einer der Packer kratzte sich nachdenklich am Hinterkopf.

»Augenblick. Einen blonden Buben?«

»Ja. Er beißt.«

»Da haben Sie ihn.« Der Packer öffnete einen der großen Papiersäcke. Drinnen saß Rafi und kaute zufrieden an einer Tube Zahnpasta. »Entschuldigen Sie«, sagte der Packer. »Ich dachte, Sie hätten den Kleinen hier gekauft.« Wir bekamen für Rafi zwei Pfund dreißig heraus und verließen den Supermarkt. Draußen warteten schon die beiden Lastwagen.

Verirrt in Jerusalem

Sehr viele Dinge können in Israel sehr leicht gefunden werden, aber die Straßen sind nicht darunter. Es gibt Straßen, die überhaupt keinen Namen haben, und wenn sie einen haben, dann gibt es keine Tafel, die ihn nennt. Mein Freund Jossele pflegt den Weg zu seinem Haus ungefähr folgendermaßen zu beschreiben:

»Sie gehen vom Mograbi Square in die Richtung zum Strand, bis Sie auf einen Mann in einer Lederjacke stoßen, der sein Motorrad repariert und die Regierung verflucht. Dort biegen Sie links ein und zählen bis zum 22. Olivenbaum. An diesem Punkt wird Ihnen ein fürchterlicher Gestank auffallen. Halten Sie sich rechts und folgen Sie der Steinmauer bis zum Katzenkadaver. Dann biegen Sie wieder rechts ein und gehen bis zur jugoslawischen Bücherei gegenüber dem Kino, wo ich auf Sie warten werde, denn von dort an wird der Weg etwas kompliziert.«

So ungefähr erging es mir bei einem Besuch in Jerusalem, den ich unglücklicherweise zu einem Zeitpunkt durchführte, als die neue Stadtverwaltung gerade beschlossen hatte, die Straßen im Hinblick auf den biblischen Charakter der Stadt umzubenennen.

Ein guter Freund von mir, ein gewisser Elusivi, hatte mich nach Jerusalem eingeladen, und zwar zur Eröffnungsfeier seiner neuen Wohnung. Elusivi lebt bereits seit fünfundfünfzig Jahren im Land. Jetzt, mithilfe eines beträchtlichen Bankkredits, ist ihm endlich die Übersiedlung aus seiner primitiven Holzhütte in eine hübsche Eineinhalb-Zimmer-Wohnung im modernsten Wohnviertel Jerusalems geglückt, das noch aus der Türkenzeit stammt. Elusivi gab mir die genaue Adresse: Geliebtes-Weib-Straße 5 a. Es war das frühere Haus Nr. 113 in der Julius-Finkelstein-Straße, schräg gegenüber dem rituellen Bad auf dem Boulevard-der-gesegneten-Weinfrucht, vormals Weg-allen-Fleisches.

Ich habe meinen Freund Elusivi sehr gern und packte sofort meine Sachen, um seiner Einladung zu folgen. In Jerusalem angekommen, erkundigte ich mich bei einer der Schlangen an der Omnibusstation nach der Geliebtes-Weib-Straße.

»*Welche* Straße?«, fragte die Schlange zurück. »Geliebtes Weib«, antwortete ich. Die Schlange erklärte unisono, dass sie eine Straße dieses Namens nicht kenne und dass dies auch gar kein Wunder sei, weil in der letzten Zeit fast alle Straßennamen geändert worden wären.

»Das macht nichts«, tröstete ich die Schlange. »Zufällig weiß ich, dass diese Straße früher Julius-Finkelstein-Straße hieß.« An dieser Stelle muss ich bemerken, dass es ein volkstümlicher israelischer Zeitvertreib ist, sich nach Straßen zu erkundigen. Das Spiel enthält die verschiedenartigsten Spannungselemente, die es immer wieder sehr anregend machen. Vor allem kann man nie genau wissen, wer die in Rede stehende Straße eigentlich kennt, der Gefragte oder der Frager.

Nehmen wir einen alltäglichen Fall – ein Mann geht auf Sie zu und fragt: »Wo ist die Goldsteinstraße?«

»Goldsteinstraße? Welche Nummer?«

»67. Dritter Stock.«

»Goldsteinstraße ... Goldsteinstraße ... Sehen Sie die breite Querstraße dort? Ja? Also – die Goldsteinstraße ist die erste links.« »Nicht die zweite?«

»Warum soll es die zweite sein?«

»Ich dachte, es wäre die zweite.«

»Wenn es die zweite wäre, hätte ich Ihnen gesagt, dass es die zweite ist. Aber es ist die erste.«

»Wieso wissen Sie das?«

»Was meinen Sie – wieso ich das weiß?«

»Ich meine: Wohnen Sie vielleicht in dieser Straße?«

»Ein guter Freund von mir wohnt dort.« »Bobby Großmann?«

»Nein. Ein Ingenieur.«

»Woher wissen Sie, dass Bobby Großmann kein Ingenieur ist?«

»Entschuldigen Sie – ich kenne Herrn Großmann gar nicht.«

»Natürlich kennen Sie ihn nicht. Die erste Straße nach links ist nämlich der Birnbaumboulevard, nicht die Goldsteinstraße.«

»Ja, das stimmt. Da haben Sie allerdings recht. Aber welche ist dann die Goldsteinstraße?«

»Goldsteinstraße ... Goldsteinstraße ...« Der

Fremde, der Sie um Auskunft gefragt hat, zermartert sichtlich sein Hirn. »Gehen Sie geradeaus, biegen Sie in die erste Straße rechts ein, und dann ist es die dritte Querstraße links.«

»Danke vielmals«, antworten Sie gerührt. »Verzeihen Sie die Mühe, die ich Ihnen gemacht habe.«

»Nicht der Rede wert«, antwortet freundlich der Mann, der von Ihnen wissen wollte, wo die Goldsteinstraße ist. Sie selbst haben inzwischen grüßend den Hut gelüpft und sich auf den Weg in die Goldsteinstraße gemacht: geradeaus, dann rechts, dann die dritte Straße links. Ein wenig keuchend ersteigen Sie den dritten Stock des Hauses Nr. 67. Und erst wenn Sie an der Tür läuten, fragen Sie sich verdutzt, was Sie hier eigentlich suchen. Nun, so weit war es mit mir noch nicht. Ich wusste immerhin noch, dass die Geliebtes-Weib-Straße früher Julius-Finkelstein-Straße geheißen hatte.

»Warum haben Sie das nicht gleich gesagt?«, fragte ein Mann, der mit einem Koffer in der Schlange stand. »Die Julius-Finkelstein-Straße kreuzt die Keuchhustenstraße, die aber jetzt einen anderen Namen hat.«

»Welchen Bus nehme ich dorthin?«

»Nummer 37.«

Ich nahm den Bus Nr. 37. Nach etwa halbstündiger Fahrtdauer fragte ich den Fahrer: »Steige ich jetzt aus?«

»Warten Sie, bis ich stehen bleibe!«, brüllte der Fahrer mich an. »Immer diese Eile, immer diese Eile.«

Nachdem ich ausgestiegen war, fiel mir ein, dass

ich dem Fahrer gar nicht gesagt hatte, *wo* ich aussteigen wollte. Das war peinlich, und die Straße war menschenleer. Zum Glück tauchte ein städtischer Müllmann auf und versicherte mir nachdrücklich, dass die Keuchhustenstraße, die seit Neuestem Einsame-Witwen-Straße hieß, gleich über die nächste Ecke links zu erreichen sei, dann zweimal nach rechts, dann noch einmal rechts, und dann wäre es die dritte Straße links.

Ich zog noch bei einigen anderen Passanten Erkundigungen ein und sammelte innerhalb weniger Minuten vierzig bis fünfundvierzig »links«, ungefähr ebenso viele »rechts« und zwanzig »geradeaus«. Angesichts der rasch einsetzenden Dunkelheit war das eine ganz hübsche Leistung.

Nach einigen Irrgängen erreichte ich eine Straße, die dem geometrischen Mittel der Auskünfte entsprach. Das Unglück war, dass ihr Name sich nirgends feststellen ließ. Es gab keine Straßentafeln, und die rasch vorübereilenden Passanten wollten sich nicht festlegen. Auf gut Glück läutete ich an einer ebenerdig gelegenen Wohnungstür und fragte den Mann, der mir öffnete, ob er zufällig den Namen dieser Straße kenne. Der antwortete, dass es irgendein hebräischer Name sei, den er aber nicht verstehe, da er nur Englisch spreche. Seine kleine Tochter hingegen, eine Sabra, wüsste jemanden, der den Namen dieser Straße einmal aufgeschrieben hätte und nur im Augenblick leider nicht zu Hause wäre.

Bekümmert verließ ich das Haus. Gerade sauste

ein Wagen der Feuerwehr vorüber, verlangsamte sein Tempo, und der Fahrer brüllte mir die Frage zu, ob er sich hier in der Meines-Bruders-Hüter-Straße befände, der früheren Ignaz-Fuchs-Straße? Ich brüllte ihm ein saftiges »links« zurück. Dann hielt mich ein Briefträger auf und fragte, wie er wohl am besten in die Zwirn-und-Nadelöhr-Straße käme, deren Name vor Kurzem in Samson-schlägt-die-Philister-Straße geändert worden sei, aber auch dieser Name hätte sich als zu lang erwiesen.

Ich gab ihm eine detaillierte Auskunft und fragte meinerseits nach der Geliebtes-Weib-Straße. Der Postbote gratulierte mir überschwänglich.

»Sie haben Glück«, sagte er. »Das weiß ich zufällig wirklich. Es ist die zweite Straße rechts, aber sie heißt jetzt Wunschtraumstraße.«

Meine Freude, als ich die Wunschtraumstraße tatsächlich fand, war unbeschreiblich. Das Haus 5a fand ich allerdings nicht. Überhaupt fand ich keine einzige Hausnummer. Ich fand einen zittrigen Patriarchen, der zwar auch nicht wusste, wo 5a war, mir aber den dankenswerten Hinweis gab, dass die Nummer einfach »5« heißen könnte, weil die Mapai-Partei überall den Buchstaben a hingepinselt hätte.

Es ging auf Mitternacht zu, und ich befand mich noch immer auf der Jagd nach Hausnummern. Endlich entdeckte ich hoch oben an der Mauer einer Mietskaserne eine Tafel, konnte sie aber nicht lesen. Ich hielt den eben wieder vorbeisausenden Löschwagen an, borgte mir eine Leiter und stieg hinauf. Die

Tafel trug die Aufschrift »182-351-561 k.g.« und das half mir nur wenig.

Ein mitleidiger Spätheimkehrer informierte mich, dass das letzte Haus in dieser Straße die Nummer 198 trug. »Sie brauchen also nichts andres zu tun, als von hier aus weiterzugehen und bis Nummer 5 zurückzuzählen, und Sie brauchen sich auch gar nicht zu schämen, dass Sie das tun, denn ich tue es manchmal selbst, wenn ich wissen will, in welchem Haus ich wohne.«

Ich folgte seinem Rat, zählte von 198 rückwärts und läutete hoffnungsvoll an der Tür des Hauses, vor dem ich jetzt stand. Eine alte Dame öffnete.

»Nein, hier ist Nummer 202«, sagte sie. Auf meine Frage, ob es sich nicht vielleicht doch um das Haus Nummer 5 handle, erklärte sie mir geduldig, dass dies unmöglich der Fall sein könne, weil es in dieser ganzen Straße überhaupt keine ungeraden Hausnummern gäbe. Das Stadtplanungsamt hätte versehentlich auf beiden Seiten der Straße nur gerade Nummern angebracht, sodass jetzt alle Nummern doppelt vorkämen, bis auf zwei, die Nummern 32 und 66, die sich am andern Ende der Stadt befänden, in der früheren Julius-Finkelstein und jetzigen Keuchhustenstraße.

»Um Himmels willen«, stöhnte ich. »Das ist ja die Straße, die ich suche. Ich war überzeugt, dass ich hier bereits in der Keuchhustenstraße bin.«

»Nein, nein.« Die alte Dame schüttelte energisch den Kopf. »Diese Straße wird morgen in Dilemmastraße umbenannt. Heute heißt sie noch Dillenkopfstraße.«

»Merkwürdig. Warum haben mir alle Leute gesagt, dass es die Wunschtraumstraße ist?«

»Was hätten sie denn anderes machen sollen? Vielleicht mit Ihnen streiten?«

Und damit verschwand die Hexe. Abermals sauste der Löschwagen vorbei, die Sirenen zu höchster Lautstärke aufgedreht, hielt am Ende der Straße an und richtete seine Wasserstrahlen gegen ein Haus. Aus purer Neugier ging ich näher und wurde von einem der Feuerwehrleute prompt gefragt, ob das die rituelle Badeanstalt in der Meines-Bruders-Hüter-Straße 107 sei, denn dort brenne es. »Nein«, antwortete ich. »Was Sie da löschen, ist das Haus mit der rechtsseitigen Nummer 102 auf der ehemaligen Dilemmastraße.« Die Feuerwehrleute ließen einige derbe Flüche hören, zogen Leitern und Schläuche ein und fuhren davon. Ich schleppte mich weiter durch die Nacht.

Vor meinem geistigen Auge, müde, wie es war, erschien das vorwurfsvolle Gesicht Elusivis. Zorn und Verzweiflung begannen in mir hochzusteigen. Wütend packte ich den Kerl, der jetzt auf mich zukam, an den Schultern und brüllte ihn an:

»Wo ist die Geliebtes-Weib-Straße, du Stinktier? Wo?!«

»Allah akbar«, erwiderte der Legionär. So geriet ich in arabische Gefangenschaft. Die Waffenstillstandskommission leitete sofort die nötigen Schritte ein.

Tagebuch eines Haarspalters

9. Juni. Heute beim Abendessen sah ich im Fernsehen Yul Brynner und musste laut auflachen. Wie kann ein Mann, und noch dazu ein so berühmter Schauspieler, einen Glatzkopf haben? Einen, der von einer polierten Billardkugel kaum zu unterscheiden ist? So etwas müsste sich doch vermeiden lassen. Unter Yul Brynners Einfluss trat ich an den Spiegel, um den Zustand meines Haupthaares zu prüfen. Nach einigen Minuten sorgfältiger Beobachtung schien es mir, als wäre der Haaransatz an den Schläfen ein wenig zurückgewichen. Nun, das kann den durchgeistigten Charakter meines Gesichtsausdrucks nur steigern. In meinem Alter und für einen glücklich verheirateten Brillenträger ist das ganz normal. Und weiter existiert dies »Problem« für mich nicht.

10. Juni. Zufällig fiel mein Blick heute nach der Morgentoilette auf meinen Kamm. Ich zählte 23 einzelne Haare. Aber ich mache mir keine Sorgen. Mein Friseur, den ich zufällig in seinem Laden antraf, bestätigte mir, dass ein täglicher Ausfall von 10 bis 23 Haaren allgemein üblich sei. »Hat nichts zu bedeuten«, sagte er (und er muss es wissen). »Kahlköpfigkeit ist erblich. Nur Männer, deren Vorfahren Glatzen hatten, sind in Gefahr.«

Zu Hause geriet mir zufällig ein Familienbild meines Großvaters und seiner acht Brüder in die Hand.

Alle hatten Glatzen. Ich finde, dass mein Friseur sich um sein Geschäft kümmern sollte, statt Fragen der Vererbungstheorie zu diskutieren und dummes Zeug zu schwätzen.

3. September. Es ist doch merkwürdig. Seit ich meinen Haaren so viel Aufmerksamkeit schenke, fallen sie aus. Natürlich merkt das niemand außer mir, der ich ihnen so viel Aufmerksamkeit schenke. Immerhin belief sich in der letzten Woche der tägliche Durchschnitt bereits auf 30. Kein Grund zur Beunruhigung, nein, nur zur Wachsamkeit. Ich schrieb an meine Lieblingszeitung um Auskunft und fand in der Rubrik »Ratgeber für Verliebte« folgende Antwort: »*Wachsam, Tel Aviv.* Das Haar ist ein zarter, fadenförmiger Auswuchs an bestimmten Körperpartien der Säugetiere. Erfahrungsgemäß kann an bestimmten Körperpartien mancher Säugetiere Haarausfall eintreten. Bei Menschen männlichen Geschlechts ist das ein durchaus normaler Vorgang, der erst dann Beachtung verdient, wenn er auffällige Dimensionen annimmt. Konsultieren Sie einen Arzt.«

Ich konsultierte einen Arzt. Er untersuchte mich auf Herz und Nieren, ferner auf Lunge, Blinddarm und Milz, prüfte meinen Blutdruck, röntgenisierte mich, machte einen Grundumsatz-Test, nahm ein Elektrokardiogramm ab und erklärte mich für vollkommen gesund. In Bezug auf meine Haare erklärte er, dass man da leider gar nichts tun könne. Wenn sie ausfallen, dann fallen sie aus.

11. Februar. Meine neue Frisur passt ausgezeichnet zur verschmitzten Koboldhaftigkeit meiner Gesichtszüge. Das ganze Haar vereinigt sich in einem lustigen kleinen Knäuel und reicht bis zu einer imaginären Verbindungslinie zwischen meinen beiden Ohren, von wo es salopp und ein wenig genialisch nach hinten ausstrahlt, über den haarlosen Rest meiner Kopfhaut.

In einem bemerkenswerten Artikel, der sich auf historische Unterlagen stützt, lese ich, dass eine Menge bedeutender Männer teilweise oder zur Gänze kahl waren: Dschingis Khan, Yul Brynner, Chruschtschow. Es gab sogar einen französischen König namens Karl der Kahle.

27. Mai. Mein Friseur sagt, dass glatzköpfige Männer zumeist begabter sind als die nicht glatzköpfigen, besonders auf gewissen Gebieten. Das ist eine wissenschaftlich erhärtete Tatsache. Aber ich hätte trotzdem nichts zu befürchten, sagte er. Er empfahl mir, meinen Kopf zu rasieren, damit das natürliche Sonnenlicht besseren Zutritt zu meinen Haarwurzeln fände. Dadurch wird der Haarwuchs angeregt, und das Haar erhält wieder seine jugendliche Frische. Nicht als ob ich etwas dergleichen nötig hätte – ich ließ es ihn nur spaßeshalber versuchen. Als ich nachher in den Spiegel sah, wurde ich beinahe ohnmächtig: Das jugendlich brutale Gesicht eines Gangsters starrte mir entgegen. Ich versteckte mich in einer dunklen Ecke des Ladens. Nach Einbruch der Dunkelheit schlich ich nach Hause. Den sarkastischen Gesichtsausdruck der besten Ehefrau von allen werde ich nie vergessen. Samson, Samson, wie gut verstehe ich dich jetzt!

27. August. Heute habe ich mich zum ersten Mal wieder bei Tageslicht aus dem Haus gewagt. In meiner Klausur las ich zahlreiche Literatur über Chruschtschow und seine großen Leistungen. Chruschtschow hat bereits in früher Jugend sein Haar verloren. Ich kann mir nicht helfen, aber der Kommunismus ist nicht so ohne.

Dass meine Haare mittlerweile zum großen Teil verschwunden sind, rührt wahrscheinlich daher, dass sie drei Monate lang keinem Sonnenlicht ausgesetzt waren. Mein Kopf gleicht einer Mondlandschaft, die nur von einem kleinen Streifen üppiger Vegetation am Äquator unterbrochen wird. Ich war am Rande der Verzweiflung, als ich in der Zeitung das folgende Inserat entdeckte.

Ich war am Rande der Verzweiflung!

Mein Kopf glich einer Mondlandschaft, die nur von einem kleinen Streifen üppiger Vegetation am Äquator unterbrochen wurde. Ich verzweifelte nicht! Ich behandelte mein Haar mit dem amerikanischen Wundermittel Isotropium Superflex und bin jetzt vollkommen geheilt sowie auch glücklicher Vater dreier Kinder. Erhältlich in armselig kleinen Probetuben für Geizhälse zu 1,20 Pfund, in gigantischen Riesentuben für den ökonomisch denkenden Ehemann zu 9,80 Pfund.

Ich kaufte eine gigantische Riesentube, um den Prozess zu beschleunigen.

17. November. Eines muss man diesem Isotropium Superflex lassen: Es hat den Prozess beschleunigt. Die Zahl meiner Haare ist auf 27 gesunken, und ich beginne die Welt mit abgeklärten Augen zu sehen. Kein Zufall, liebe Leute, dass fast alle großen Industriemagnaten, Wirtschaftskapitäne, Wissenschaftler und Forscher glatzköpfig sind, besonders nach Überschreitung einer bestimmten Altersgrenze und wenn sie verheiratet sind. Bei mir bemerkt man das allerdings noch nicht, weil ich mein Haar auf so raffinierte Weise von hinten nach vorn kämme, dass es den zwingenden Eindruck erweckt, als sei es von vorn nach hinten gekämmt. Dieser kleine Trick wird höchstens im Schwimmbad sichtbar, wenn meine Haare nass sind und an den Schultern kleben, was meine Kinder regelmäßig in Lachkrämpfe fallen lässt.

29. Januar. Ein hässlicher Zwischenfall vergällte mir heute die Laune. Ich hatte mich um Kinokarten angestellt, als ein Halbstarker an seine etliche Meter vor mir stehende Freundin die Frage richtete: »Wo ist Pogo?«

Das Mädchen – ein primitives, taktloses Geschöpf – deutete auf mich und sagte: »Er steht hinter dem Glatzkopf dort.«

Es war das erste Mal, dass ich eine solche Andeutung zu hören bekam. Vorausgesetzt, dass diese Ziege überhaupt mich gemeint hat. Angesichts meiner Frisur möchte ich das eher bezweifeln: Acht Haare laufen wellenförmig von links nach rechts, drei andere – Gusti, Lili und Modche – streben in rechtem Winkel auf sie zu und überschneiden sie schräg. Für den Hinterkopf sorgt Jossi. Nein, je länger ich darüber nachdenke, desto sicherer bin ich, dass dieses dumme kleine Mädelchen einen anderen gemeint haben muss.

Irgendeinen Glatzkopf.

2. März. Ich werde immer abgeklärter und reifer. Mein wachsendes Interesse an religiösen Problemen hat ein neues Lebensgefühl in mir geweckt, und die großartige Strahlkraft der Tradition tut ein Übriges. Ich entdecke den tiefen Sinn unserer Gebote und Gesetze. Zumal den Sabbat beobachte ich aufs Strengste und halte meinen Kopf ständig bedeckt – wie man weiß, ein Zeichen geistiger Überlegenheit (Leviticus VIII, 9). Unter meiner Kopfbedeckung herrscht eiserne Disziplin.

Bei der heutigen Morgenparade fehlte Gusti. Ich führte eine nochmalige Aufrufkontrolle durch und musste feststellen, dass die Gesamtzahl der Erschienenen sich auf 4 belief. Später fand ich Gusti leblos an meinem Hemdkragen. Es war das längste und stärkste von allen Haaren, die ich noch hatte. Unerforschlich sind die Wege des Schicksals. Ich warf Modche in die Bresche und bürstete ihn ein wenig auf, damit er nach mehr aussähe, als er ist. Abigail wird grau.

13. April. Nun ist Jossi ganz allein. Der Friseur erging sich in Lobeshymnen über ihn und schlug mir vor, ihn im Interesse einer kräftigen Wiedergeburt abzurasieren. Ich ließ das nicht zu. Ich möchte kein zweites Mal wie ein Glatzkopf aussehen. Ich spendierte Jossi ein Chlorophyll-Shampoo gegen Schuppenbildung. Als er trocken war, legte ich ihn im Zickzack über meinen Kopf. Er soll Grund und Boden haben, so viel er will.

28. Juli. Das Unvermeidliche ist geschehen. Jossi ist nicht mehr. Er verfing sich im Innenleder meines Hutes und wurde mit der Wurzel ausgerissen. Mir fiel das tragische Ende der Isadora Duncan ein. Selbstmord?

29. Juli. Die beste Ehefrau von allen wird sich damit abfinden müssen, dass ich eine gewisse Neigung zur Kahlköpfigkeit habe.

Auf Mäusesuche

Es war eine windige, in jeder Hinsicht unfreundliche Nacht, als ich kurz nach zwei Uhr durch ein gedämpftes Rascheln in unserem Wäscheschrank geweckt wurde. Auch meine Frau, die beste Ehefrau von allen, fuhr aus dem Schlaf empor und lauschte mit angehaltenem Atem in die Dunkelheit.

»Eine Maus«, flüsterte sie. »Wahrscheinlich aus dem Garten. Was sollen wir tun, was sollen wir tun? Um Himmels willen, was sollen wir tun?«

»Vorläufig nichts«, antwortete ich mit der Sicherheit eines Mannes, der in jeder Situation den nötigen Überblick behält. »Vielleicht verschwindet sie aus freien Stücken.« Sie verschwand aus freien Stücken nicht. Im Gegenteil. Das fahle Licht des Morgens entdeckte uns die Spuren ihrer subversiven Wühl- und Nagetätigkeit: zwei schwerbeschädigte Tischtücher.

»Das Biest!«, rief meine Frau in unbeherrschtem Zorn. »Man muss dieses Biest vertilgen!« In der folgenden Nacht machten wir uns an die Arbeit. Kaum hörten wir die Maus an der Holzwand des Schrankes nagen – übrigens ein merkwürdiger Geschmack für eine Maus –, als wir das Licht andrehten und zusprangen. In meiner Hand schwang ich den Besen, in den Augen meiner Gattin glomm wilder Hass.

Ich riss die Schranktür auf. Im zweiten Fach rechts

unten, hinter den Bettdecken, saß zitternd das kleine graue Geschöpfchen. Es zitterte so sehr, dass auch die langen Barthaare rechts und links mitzitterten. Nur die stecknadelkopfgroßen, pechschwarzen Äuglein waren starr vor Angst.

»Ist es nicht süß«, seufzte die beste Ehefrau von allen und verbarg sich ängstlich hinter meinem Rücken. »Schau doch, wie das arme Ding sich fürchtet. Dass du dich nicht unterstehst, es zu töten! Schaff's in den Garten zurück.«

Gewohnt, den kleinen Wünschen meiner kleinen Frau nachzugeben, streckte ich die Hand aus, um das Mäuschen beim Schwänzchen zu fassen. Das Mäuschen verschwand zwischen den Bettdecken. Und während ich die Bettdecken entfernte, eine nach der andern, verschwand das Mäuschen zwischen den Tischtüchern und dann zwischen den Handtüchern. Und dann zwischen den Servietten. Und als ich den ganzen Wäschekasten geleert hatte, saß das kleine Mäuschen unter der Couch.

»Du dummes Mäuschen, du«, sagte ich mit schmeichlerischer Stimme. »Siehst du denn nicht, dass man nur dein Bestes will? Dass man dich nur in den Garten zurückbringen will? Du dumme kleine Maus?« Und ich warf mit aller Kraft den Besen nach ihr. Nach dem dritten missglückten Versuch zogen wir die Couch in die Mitte des Zimmers, aber Mäuschen saß da schon längst unterm Bücherregal. Dank der tatkräftigen Hilfe meiner Frau dauerte es nur eine halbe Stunde, bis wir alle Bücher aus den Regalen entfernt hatten. Das niederträchtige Nagetier lohnte unsere Mühe, indem es auf einen Fauteuil sprang und in der Polsterung verschwand. Um diese Zeit ging mein Atem bereits in schweren Stößen.

»Weh dir, wenn du ihr was tust«, warnte mich die beste Ehefrau von allen. »So ein süßes kleines Geschöpf!«

»Schon gut, schon gut«, knirschte ich, während ich das auseinandergefallene Bücherregal wieder zusammenfügte. »Aber wenn ich das Vieh erwische, übergebe ich es einem Laboratorium für Experimente am lebenden Objekt …«

Gegen fünf Uhr früh fielen wir im Zustand völliger geistiger und körperlicher Erschöpfung ins Bett. Mäuschen nährte sich die ganze Nacht rechtschaffen von den Innereien unseres Fauteuils.

Ein schriller Schrei ließ mich bei Tagesanbruch aus dem Schlaf hochfahren. Meine Frau deutete mit zitterndem Finger auf unsern Fauteuil, in dessen Armlehne ein faustgroßes Loch prangte: »Das ist zu viel! Hol sofort einen Mäusevertilger!«

Ich rief eines unserer bekanntesten Mäusevertilgungsinstitute an und erzählte die Geschichte der vergangenen Nacht. Der geschäftsführende Zweite Chefingenieur ließ mich wissen, dass seine Gesellschaft keine Einzelfälle übernehme, sondern sich nur mit der Vertilgung größerer Mäusefamilien beschäftige. Da es mir unzweckmäßig erschien, bloß aus diesem Grund mehrere Generationen von Mäusen in unserem Wäscheschrank heranzuzüchten, erstand ich in einem nahe gelegenen Metallwarengeschäft eine Mausefalle.

Meine Frau, eine Seele von einem Weib, protestierte zunächst gegen »das barbarische Werkzeug«, ließ sich dann aber von mir überzeugen, dass die Mausefalle ein heimisches Fabrikat war und sowieso nicht funktionieren würde. Unter der Wucht dieses Arguments fand sie sich sogar bereit, mir ein kleines Stückchen Käserinde zu überlassen. Wir stellten die Mausefalle in einer dunklen Ecke auf und konnten überhaupt nicht einschlafen. Die Nagegeräusche in meiner Schreibtischlade störten uns zu sehr.

Plötzlich senkte sich vollkommene Stille über unser Schlafgemach. Meine Frau riss die Augen vor Entsetzen weit auf, ich aber sprang mit lautem Triumphgeheul aus dem Bett. Gleich darauf war es kein Triumphgeheul mehr, sondern ein Wehgeheul: Die Falle schnappte zu, und meine große Zehe verwandelte sich mit erstaunlicher Schnelle in eine Art Fleischsalat.

Sofort begann meine Frau mir kalte und warme Kompressen aufzulegen, ohne jedoch ihre Erleichterung zu verbergen. Sie hatte die ganze Zeit um das Leben Klein Mäuschens gezittert. »Auch eine Maus«, sagte sie wörtlich, »ist ein Geschöpf Gottes und tut schließlich nur, was die Natur sie zu tun heißt.« Dann trat sie vorsichtig an die Mausefalle heran und machte die Stahlfedern unschädlich.

Was hieß die Natur das Mäuschen tun? Die Natur schickte es zu unseren Reisvorräten, die – wie ich einem morgendlichen Aufschrei meiner Gattin entnahm – vollkommen unbrauchbar geworden waren.

»Trag die Mausefalle zur Reparatur!«, befahl meine Gattin. In der Metallwarenhandlung erfuhr ich, dass keine Ersatzteile für Mausefallen auf Lager wären. Der Geschäftsinhaber empfahl mir, eine neue Mausefalle zu kaufen, die Federn herauszunehmen und sie in die alte Mausefalle einzusetzen. Ich folgte seinem Rat, stellte das wieder instand gesetzte Mordinstrument in die Zimmerecke und markierte – ähnlich wie Hänsel und Gretel im finstern Wald – den Weg vom Kasten zur Falle mit kleinen Stückchen von Käse und Schinken aus Plastik.

Es wurde eine aufregende Nacht. Mäuschen hatte sich im Schreibtisch häuslich eingerichtet und verzehrte meine wichtigsten Manuskripte. Wenn es ab und zu eine kleine Erholungspause einlegte, hörten wir in der angespannten Stille unsere Herzen klopfen. Schließlich konnte meine Frau sich nicht mehr beherrschen:

»Wenn das arme kleine Ding in deiner Mörderfalle zugrunde geht, ist es aus zwischen uns«, schluchzte sie. »Was du da tust, ist grausam und unmenschlich.« Sie klang wie die langjährige Präsidentin des Tierschutzvereins von Askalon. »Es müsste ein Gesetz gegen Mausefallen geben. Und die süßen langen Schnurrbarthaare, die das Tierchen hat …«

»Aber es lässt uns nicht schlafen«, wandte ich ein. »Es frisst unsere Wäsche auf und meine Manuskripte.«

Meine Frau schien mich überhaupt nicht gehört zu haben. »Vielleicht ist es ein Weibchen«, murmelte sie. »Vielleicht bekommt sie Junge …« Das ständige Knabbern, das munter aus meiner Schreibtischlade kam, ließ nicht auf eine bevorstehende Geburt schließen.

Um es kurz zu machen: Als der Morgen dämmerte, schliefen wir endlich ein, und als wir am Vormittag erwachten, herrschte vollkommene Stille. In der Zimmerecke aber, dort, wo die Mausefalle stand … dort sahen wir … im Drahtgestell … etwas Kleines … etwas Graues …

»Mörder!« Das war alles, was meine Frau mir zu sagen hatte. Seither haben wir kein Wort mehr miteinander gesprochen. Und was noch schlimmer ist: Wir können ohne das vertraute Knabbergeräusch nicht schlafen. Bekannten gegenüber ließ meine Frau durchblicken, dies sei die gerechte Strafe für meine Bestialität.

Gesucht: eine Maus.

Seligs atmosphärische Störungen

Ich spreche aus eigener Erfahrung. Wir haben seit Langem Schwierigkeiten mit unseren Nachbarn, den Seligs. Was die mit ihrem Radio aufführen, ist einfach unerträglich. Jeden Abend um 18 Uhr kommt Felix Selig todmüde nach Hause, hat aber noch genug Kraft, zum Radio zu wanken und es auf volle Stärke einzustellen. Ob Nachrichten, Musik oder literarische Vorträge herauskommen, ist ihm gleichgültig. Wenn es nur Lärm macht. Und dieser Lärm dringt bis in die entlegensten Winkel unserer Wohnung.

Die Frage, wie wir uns dagegen wehren könnten, beschäftigt uns schon seit geraumer Zeit. Meine Frau, die den Seligs unter ungeheurer Selbstüberwindung einen Besuch abgestattet hat, behauptet, dass wir das Opfer eines akustischen Phänomens seien: Das Radio dröhnt bei uns noch lauter als bei den Seligs selbst. Jedenfalls ist die Trennwand zwischen den beiden Wohnungen so dünn, dass wir beim Ausziehen das Licht abdrehen, um keine lebenden Bilder an die Wand zu werfen. Dass durch diese Wand selbst das leiseste Flüstern zu hören ist, versteht sich von selbst. Nur ein Wunder konnte uns retten. Und das Wunder geschah.

Eines Abends, als Seligs Höllenmaschine wieder ihren ohrenbetäubenden Lärm entfaltete, musste ich mich wegen eines unvorhergesehenen Theaterbesuchs rasieren. Kaum hatte ich meinen elektrischen Rasierapparat eingeschaltet, als es in Seligs Radio laut zu knacksen begann. Ich zog den Steckkontakt heraus – und das Knacksen hörte auf. Ich schaltete ihn wieder ein – es knackste und knackste. Dann hörte ich Felix Seligs Stimme: »Erna! Was ist mit unserem Radio los? Dieses Knacksen macht mich verrückt!«

Ungeahnte Perspektiven eröffneten sich. Der nächste Abend fand mich wohl vorbereitet. Als Felix Selig um 18 Uhr nach Hause kam, wartete ich bereits mit gezücktem Rasierapparat. Felix torkelte zum Radio und drehte es an. Eine Minute ließ ich verstreichen – dann suchte mein elektrischer Rasierapparat Kontakt und fand ihn. Augenblicklich verwandelte sich in der nachbarlichen Wohnung eine wunderschöne Pianopassage von Rachmaninow in ein Fortissimo-Krkrkrk. Felix nahm es zunächst noch hin, offenbar in der Hoffnung, dass die atmosphärische Störung bald vorüber sein würde. Endlich hatte er genug. »Hör auf, um Himmels willen!«, brüllte er entnervt in den Kasten, und seine Stimme klang so beschwörend, dass ich unwillkürlich den Stecker aus der Wand zog. Jetzt stellte Felix das Radio ab, rief mit heiserer Stimme nach seiner Frau und sagte, für unsere angespannten Ohren deutlich zu hören: »Erna, es ist etwas sehr Merkwürdiges geschehen. Der Apparat hat geknackst – ich habe ›Hör auf!‹ gebrüllt – und er hat aufgehört.«

»Felix«, antwortete Erna, »du bist schon länger überarbeitet. Heute wirst du früher schlafen gehen.«

»Du glaubst mir nicht?«, brauste Felix auf. »Du misstraust den Worten deines Mannes? Höre selbst!« Und er drehte das Radio auf.

Wir konnten sie beinahe sehen, wie sie vor dem Kasten standen und auf das ominöse Knacksen warteten. Um die Spannung zu steigern, wartete ich eine Weile.

»Ganz wie ich sagte«, meinte Frau Selig. »Du redest dummes Zeug. Wo bleibt das Knacksen?«

»Wenn ich's dir vorführen will, kommt's natürlich nicht«, fauchte der enttäuschte Felix. Dann wandte er sich mit hämischer Herausforderung direkt an das Radio: »Also du willst nicht knacksen, was?«

Ich schaltete den Rasierapparat ein. Krkrkrk. »Tatsächlich«, flüsterte Erna. »Jetzt knackst er. Es ist wirklich unheimlich. Ich habe Angst. Sag ihm, dass er aufhören soll.«

»Hör auf«, sagte Felix gepresst. »Bitte hör auf …«

Ich zog den Stecker heraus. Am nächsten Tag traf ich Felix im Stiegenhaus. Er sah angegriffen aus, ging ein wenig schlotternd, und unter seinen verquollenen Augen standen große dunkle Ringe. Wir plauderten zunächst über das schöne Wetter – dann packte mich Felix plötzlich am Arm und fragte:

»Glauben Sie an übernatürliche Phänomene?«

»Selbstverständlich nicht. Warum?«

»Ich frage nur.«

»Mein Großvater, der ein sehr gescheiter Mann war«, sagte ich sinnend, »glaubte an derartige Dinge.«

»An Geister?«

»Nicht gerade an Geister. Aber er war überzeugt, dass tote Gegenstände – es klingt ein wenig lächerlich, entschuldigen Sie – also dass Dinge wie ein Tisch, eine Schreibmaschine, ein Grammophon sozusagen ihre eigene Seele haben. Was ist mit Ihnen, mein Lieber?«

»Nichts … danke …«

»Mein Großvater schwor, dass sein Grammophon ihn hasste. Was sagen Sie zu diesem Unsinn?«

»Es hasste ihn?«

»So behauptete er. Und eines Nachts – aber das hat natürlich nichts damit zu tun – fanden wir ihn leblos neben dem Grammophon liegen. Die Platte lief noch.«

»Entschuldigen Sie«, sagte mein Nachbar. »Mir ist ein wenig übel.«

Ich stützte ihn die Treppe hinauf, sauste in meine Wohnung und stellte den Rasierapparat bereit. Nebenan hörte ich Felix Selig mehrere Gläser Brandy hinabgurgeln, ehe er mit zitternder Hand sein Radio andrehte. »Du hasst mich!«, rief der Leidgeprüfte. (Seine Stimme kam, wie wir zu hören glaubten, von unten; wahrscheinlich kniete er.) »Ich weiß, dass du mich hasst. Ich weiß es.«

Krkrkrk. Ich ließ den Rasierapparat etwa zwei Minuten eingeschaltet, ehe ich ihn abstellte.

»Was haben wir dir getan?«, erklang Frau Seligs flehende Stimme. »Haben wir dich schlecht behandelt?«

»Krkrkrk.« Jetzt war es so weit. Unser Schlachtplan trat in die entscheidende Phase. Meine Frau ging zu den Seligs.

Schmunzelnd hörte ich, wie die Seligs meiner Frau erzählten, dass ihr Radio übernatürliche Kräfte besäße. Nach einigem Nachdenken rückte meine Frau mit dem Vorschlag heraus, das Radio zu exorzieren.

»Geht das?«, riefen die zwei Seligs wie aus einem Munde. »Können Sie das? Dann tun Sie's bitte!« Das Radio wurde angedreht. Der große Augenblick war gekommen.

»Geist im Radio«, rief die beste Ehefrau von allen. »Wenn du mich hörst, dann gib uns ein Zeichen!« Rasierapparat einstellen – krkrkrk.

»Ich danke dir.« Rasierapparat abstellen. »Geist«, rief meine Frau, »gib uns ein Zeichen, ob dieses Radio in Betrieb bleiben soll?« Rasierapparat bleibt abgestellt. »Willst du vielleicht, dass es lauter spielen soll?« Rasierapparat bleibt abgestellt. »Dann willst du vielleicht, dass die Seligs ihr Radio überhaupt nicht mehr benützen sollen?« Rasierapparat einstellen. Rasierapparat einstellen! Einstellen!! Um Himmels willen, warum hört man nichts … kein Knacksen, kein Krkrkrk, nichts …? Der Rasierapparat streikte. Der Motor oder sonst was. Jahrelang hatte er tadellos funktioniert, und gerade jetzt …

»Geist, hörst du mich nicht?« Meine Frau hob die Stimme. »Ich frage: Willst du, dass die Seligs aufhören, diesen entsetzlichen Kasten zu verwenden? Gib uns ein Zeichen! Antworte!!«

Verzweifelt stieß ich den Apparat in den Steckkontakt, wieder und wieder – es half nichts. Nicht das leiseste Krkrkrk erklang. Vielleicht haben tote Gegenstände wirklich eine Seele.

»Warum knackst du nicht?«, rief meine Frau schon ein wenig schrill. »Gib uns ein Zeichen, du Idiot! Sag den Seligs, dass sie nie wieder ihr Radio spielen sollen! Ephraim!!« Jetzt war sie um eine Kleinigkeit zu weit gegangen. Ich glaubte zu sehen, wie die Seligs sich mit einem vielsagenden Blick ihr zuwandten.

Am nächsten Tag ließ ich den Rasierapparat reparieren. Expressreparaturen kosten viel Geld. »Der Motor war kaputt«, sagte mir der Elektriker. »Ich habe einen neuen hineingetan. Jetzt wird es auch in Ihrem Radio keine Störungen mehr geben.«

Seither dröhnt das Radio unseres Nachbarn ungestört in jedem Winkel unserer Wohnung. Ob tote Gegenstände eine Seele haben, weiß ich nicht. Aber sie haben bestimmt keinen Humor.

Der Fisch stinkt vom Kopfe

Hätten uns die Stocklers an jenem unglückseligen Donnerstag nicht eingeladen, so wäre ich heute noch ein freier Mensch. Die Stocklers jedoch haben uns eingeladen, und der Anblick, der sich uns gleich beim Betreten ihrer Wohnung bot, benahm uns den Atem. Überall standen traumhaft schöne Aquarien herum, die von innen farbenprächtig beleuchtet waren und deren kleine Bewohner sich offenkundig so wohlfühlten wie Fische im Wasser.

»Das hat meinem Leben einen neuen Sinn gegeben«, sagte Stockler mit einer von Dankbarkeit vibrierenden Stimme. »Ihr ahnt ja nicht, was für eine himmlische Nervenberuhigung davon ausgeht, sich einfach hinzusetzen und diese kleinen Geschöpfe anzuschauen … nur anzuschauen … nichts weiter …«

Wir setzten uns einfach hin und schauten die kleinen Geschöpfe an, nichts weiter. Im zweiten Aquarium von rechts entdeckten wir einen ungewöhnlich schönen Fisch, dessen Schuppen in allen Regenbogenfarben glitzerten.

»Der da?« Stockler machte eine verächtliche Handbewegung. »Das ist eine der billigsten Sorten. Jeder, der sie hat, will sie loswerden.«

»Warum?«, fragte meine Frau. »Weil es so kindisch einfach ist, sie zu züchten! Hingegen« – und Stockler deutete mit unendlich liebevoller Gebärde auf ein paar ordinäre, reizlos gestreifte Fische in einem anderen Behälter – »hingegen wissen nur die wenigsten Leute, wie man den berühmten Pyjama-Fisch züchtet.« Nach und nach erfuhren wir, dass Stockler jeden einzelnen Fisch in seiner Wohnung persönlich großgezogen hatte, worauf er mit Recht sehr stolz war. Überflüssig zu sagen, dass er schon seit geraumer Zeit ganze Bataillone von Fischen an Masalgowitsch liefert, die führende Tierhandlung der Stadt, und dass ihm das nicht selten bis zu zweihundert Pfund einbringt. Nach der letzten Laichperiode, die offenbar besonders lebhaft verlaufen war, steigerte sich sein wöchentlicher Durchschnittsverdienst sogar auf dreihundert Pfund.

Die Fische begannen mir zu gefallen. Fische zu züchten ist ein außerordentlich liebenswertes Hobby. Und dabei so nervenberuhigend.

»Vor einem Jahr hatte ich ein einziges kleines Aquarium«, erinnerte sich unser Gastgeber mit verträumtem Lächeln. »Heute habe ich achtundzwanzig in verschiedenen Größen. Demnächst installiere ich zwölf weitere im Nebenzimmer, das seit meiner Scheidung leer steht.«

»Machen Ihnen die Fische nicht sehr viel Arbeit?«

»Arbeit?« Die Borniertheit meiner Frage ging sichtlich über Stocklers Fassungsvermögen. »Allerhöchstens fünf Minuten am Tag. Was brauchen diese süßen kleinen Kerle denn schon? Ein bisschen Verständnis, ein bisschen Aufmerksamkeit, das ist alles.

Und ich kenne jeden Einzelnen von ihnen, als wäre er ein alter Freund.«

Bei diesen Worten steckte Stockler seinen Zeigefinger ins nächste Aquarium und gab einen gurrenden Laut von sich, worauf sämtliche Pyjama-Fische von Panik erfasst wurden und in die entfernteste Ecke des Behälters stoben. Einige versuchten sich in den Bodensand einzugraben, an allen Flossen zitternd. Zwei trafen Anstalten, aus dem Wasser zu springen. »Sie sind schwanger, die Guten«, erläuterte Stockler. »Ich erwarte ungefähr tausend Fingerlinge …« Muss ich weitererzählen? Am nächsten Tag gingen wir zu Masalgowitsch. »Willkommen in der großen, glücklichen Familie der tropischen Fischliebhaber!«, begrüßte er uns. »Bei mir bekommen Sie alles, was Sie brauchen, und in der besten Qualität, die es gibt.«

Tatsächlich strahlte der ganze Laden die unverkennbare Atmosphäre professioneller Kennerschaft aus. Es wimmelte von Aquarien in allen erdenklichen Größen und in jeder nur möglichen Ausführung, von Zubehören und Füllungen, von Schlingpflanzen und Algen und Korallenriffen, von elektrischen Spülapparaten und Unterwasserheizkissen. Angesichts der schier unübersehbaren Pracht hatten wir Mühe, eine Auswahl zu treffen, die unseren einigermaßen beengten Finanzverhältnissen halbwegs entsprach. Schließlich erstanden wir ein mittelgroßes Aquarium, das wir jedoch mit einer Vielfarbenbatterie und einer elektrischen Luftpumpe ausstatten ließen. Natürlich kauften wir auch die nötigen Spezialfilter zur Reinigung des Wassers. Und die nötigen Reinigungsutensilien. Und ein verstellbares Netz. Masalgowitsch überzeugte uns, dass wir auch eine Abkratzvorrichtung für Seitenwand-Algen brauchten. Und ausreichende Mengen weißen Sandes, feinkörnig. Und einen Warmwasserkocher, der 25 Liter fasste. Und einen Korb für Würmer. Und Würmer. Denn der Wurm ist des Fisches Lieblingsspeise.

»Daran darfst du dich nicht stoßen«, tröstete ich meine kleine Frau. »Auch die Eskimos essen Würmer. In manchen Provinzen Chinas gelten sie sogar als Delikatesse. Die Würmer, nicht die Eskimos.«

Meine kleine Frau, schweigsam wie nur sehr selten, begnügte sich mit der Mitteilung, dass sie weder ein Eskimo sei noch in einer chinesischen Provinz lebe. Ehrlicherweise musste man ja auch zugeben, dass diese Würmer, zumindest auf den ersten Blick, tatsächlich wie Würmer aussahen: längliche, rote Fleischnudeln, die sich ununterbrochen krümmten und ununterbrochen gar nicht gut rochen … nun ja. Schönes Wetter heute. Lieben Sie Brahms?

Als wir unsere Fracht abtransportieren wollten, erinnerte uns Masalgowitsch, dass es unter den gegebenen Umständen eigentlich üblich sei, auch Fische zu kaufen. Unsere Barschaft reichte gerade noch für zwei Pyjama-Fische. Mit kundigem Griff holte Masalgowitsch das glückliche Paar aus seinem Behälter hervor, tat es in ein Glas und überreichte es uns.

»Sie sind ganz leicht zu unterscheiden. Das Weibchen ist immer etwas größer als das Männchen.«

Wir prüften unser Paar und stellten fest, dass sie beide absolut gleich groß waren. »Kommt vor«, lachte Masalgowitsch. »Es ist ein besonders fettes Männchen und ein besonders mageres Weibchen. Aber seien Sie unbesorgt – sie werden Ihnen eine Menge kleiner Pyjamas schenken, die beiden Schlingel, hahaha …«

Zu Hause installierten wir alles genau nach der Gebrauchsanweisung. Wir setzten die ein wenig lärmende elektrische Pumpe in Betrieb und drehten den Warmwasserkocher an, damit unsere kleinen Lieblinge sich nicht erkälteten. Schwierigkeiten ergaben sich bei der Unterbringung der Würmer. Masalgowitsch hatte als geeigneten Aufenthaltsort den Kühlschrank empfohlen, aber meine Frau drohte mit Hungerstreik, falls etwas dergleichen geschähe. Sie war als Kind sehr verhätschelt worden, und die Folgen einer so grundfalschen Erziehungsmethode müssen sich früher oder später zeigen. Unter dem Bett wäre genügend Platz gewesen, aber da wollte meine Frau – es ist nicht ihre Schuld, es ist die Schuld ihrer Eltern – unbedingt wissen, ob eine Garantie dagegen bestünde, dass die Würmchen in der Nacht nicht vielleicht aus dem Körbchen kröchen und in unser Bettchen hinein … Schließlich verbannten wir sie ins Badezimmer.

Am nächsten Morgen standen wir frühzeitig auf, denn wir konnten es kaum erwarten. Wir setzten uns einfach hin und schauten die kleinen Geschöpfe an, nichts weiter. Ihr Anblick wirkte im höchsten Grad nervenberuhigend, obwohl uns nach einiger Zeit auffiel, dass sie sich überhaupt nicht bewegten. Sie lagen auf dem Boden des Aquariums, mit den Bauchflossen nach oben. Sie waren – es ließ sich auf die Dauer nicht leugnen – tot. Als wir dem Vorfall nachgingen, entdeckten wir, dass das Wasser siedend heiß war. Wir hatten die beiden Pyjamas über Nacht gargekocht.

An diesem Punkt stellte sich uns ein Problem, mit dem es jeder tropische Fischliebhaber immer wieder zu tun bekommt: Wie wird man tote Fische los? Soll man sie zum Küchenabfall werfen? Meine Frau erbleichte bei dem bloßen Gedanken. Soll man sie im Hof begraben? Wir wohnen im dritten Stock. Soll man sie der Katze des Wohnungsnachbarn geben? Er hat keine Katze. Man kann nur versuchen, sie dort, wo hinuntergespült wird, hinunterzuspülen.

Wir versuchten es, und es gelang. Dann gingen wir zu Masalgowitsch, um ihn von unserem Missgeschick in Kenntnis zu setzen. »Was ist Ihnen da eingefallen?«, fragte Masalgowitsch tadelnd. »Seit wann lässt man den Boiler die ganze Nacht lang laufen? Hat man so etwas je gehört? Wissen Sie denn nicht, dass die Wassertemperatur unbedingt jede Stunde kontrolliert werden muss?« Eine rasche Kopfrechnung nahm dieser Mitteilung viel von ihrem Schrecken: Wenn man für jede Kontrolle nicht länger als zehn Sekunden veranschlagte, würde das am Tag eine Gesamtsumme von fünf Minuten ergeben, ganz wie Stockler gesagt hatte. Beruhigt kaufte ich sechs neue Pyjamas, um den Wahrscheinlichkeitsquotienten für das Überleben eines Paares zu steigern. Was die Wassertemperatur betraf, einigte ich mich mit meiner Frau auf eine gestaffelte Kontrolle: Ich kontrollierte die Temperatur bei Tag, in der Nacht hingegen wurde die Kontrolle von mir durchgeführt. Meine Frau lehnte jede weitere Mitarbeit ab und wünschte sogar das baldige Ende der sechs neuen Pyjamas herbei.

Sie ist, wie ich schon angedeutet habe, ein verzogenes Kind. So sitze ich denn allein vor dem Aquarium und sehe zu, wie sich die kleinen Geschöpfchen vermehren. Bisher haben sie sich zwar noch nicht vermehrt, aber jetzt muss es sehr bald losgehen.

Wieder ein kleines Missgeschick. Es spielt keine Rolle, wirklich nicht, und ich erwähne es nur der Vollständigkeit halber: Eines Morgens waren unsere Pyjamas mit einem weißen Punktmuster besät, kratzten sich wie verrückt und segelten mit einer deutlichen Schlagseite nach links durch das Aquarium. »Tut mir leid, Kinder«, sagte ich. »Das ist eure Sache. Ich kann euch da nicht helfen.« Als sie zwei Tage später jede Ähnlichkeit mit Fischen eingebüßt hatten und nur noch auf dem Rücken schwammen, entschloss ich mich zu einer Gegenmaßnahme und spritzte eine kleine Ladung DDT ins Wasser. Offenbar kam ich mit diesem vorzüglichen Einfall zu spät. Denn schon nach zwei Minuten stiegen die Fische an die Oberfläche und hauchten ihre Pyjamaseele aus. Ich stürzte zu Masalgowitsch, kaufte fünf neue Paare und brachte ihn durch geschickte Fangfragen so weit, dass er mir ein paar Geheimnisse aus dem Born seiner reichen Erfahrung preisgab.

»Sie müssen die Paare getrennt unterbringen. Jedes in einem eigenen Aquarium, sonst vermehren sie sich nicht. Oder würden Sie und Ihre Frau in einem Zimmer leben wollen, das Sie mit zehn Fremden teilen müssen?«

Der Vergleich hinkte. Meine Frau lebte längst nicht mehr in einem Zimmer mit mir, schon seit jenem Tage nicht, da sie die Würmer auf meinem Schreibtisch gefunden hatte. Trotzdem dankte ich Masalgowitsch für seinen einleuchtenden Ratschlag und erwarb vier bequeme Behälter für verheiratete Pyjamas. Zu Hause stellte ich die Paare sorgfältig zusammen, immer einen fetten Pyjama mit einem mageren. Dann wartete ich darauf, dass sie sich zu vermehren begännen. Sie begannen sich nicht zu vermehren. Sie flirteten und knutschten ein wenig herum, aber zu einer seriösen Beziehung kam es nicht. Es machte den Eindruck, als wären alle Pyjamas männlich. Und das war ein sehr trauriger Eindruck. Stockler erwies sich in diesen schweren Tagen als eine wahre Säule des Trostes und der Zuversicht. Er beschwor mich, den Glauben an die Zukunft nicht zu verlieren, und gab mir wertvolle Tipps für die Pyjamazucht. Zum Beispiel sollte ich zwei Teelöffel feines Tafelsalz mit je drei Litern Wasser mischen.

Ich mischte. Nichts rührte sich. Nur ein salzempfindlicher Pyjama biss mich in den Finger. Masalgowitsch machte mich auf einen verhängnisvollen Fehler aufmerksam: Ich hatte vergessen, den Sand mit Regenwasser zu versetzen, das durch einen Seidenstrumpf passiert werden musste. Ich passierte. Meine Frau verließ die gemeinsame Wohnung. Von einer Pyjamavermehrung war nichts zu sehen. Stockler verriet mir einen alten Kunstgriff der japanischen Perlenfischer: kleine farbige Glasstückchen auf den Grund des Aquariums zu verstreuen. Ich verstreute. Die Pyjamas, statt für künftige Generationen zu sorgen, spielten mit dem bunten Glas und freuten sich sehr.

Dass es nach einiger Zeit trotzdem zu einem Zeugungsakt kam, war ein böser Irrtum: Zwei ordinäre Goldfische hatten sich in einen der Behälter eingeschlichen, wahrscheinlich mit der letzten Lieferung von 30 Pyjamas. Das Ergebnis war eine Goldfischbrut von nicht weniger als 50 Exemplaren. Ich spülte sie die Toilette hinunter. Wollte ich Goldfische züchten? Ich wollte Pyjamas. Nur Pyjamas. Viele Pyjamas.

Dann erschütterte ein heftiger Schock die Welt der Fischzucht. Stockler war auf eine Bananenschale getreten und hatte sich ein Bein gebrochen.

Ich besuchte ihn an einem der nächsten Abende. Als ich seine von neugeborenen Pyjamas überquellende Wohnung sah, verlor ich den letzten Rest meiner Selbstbeherrschung und fiel auf die Knie. »Stockler«, schluchzte ich. »Lieber, lieber Stockler. Es muss da irgendein Geheimnis geben, ein altes Ritual, das vielleicht schon den Drusen bekannt war und das auch Sie und Masalgowitsch kennen. Aber Sie verbergen es vor mir. Warum sollten Sie auch etwas preisgeben, was Sie in langen Jahren aufreibender Forschungsarbeit entdeckt haben. Trotzdem bitte ich Sie, Stockler: Sagen Sie's mir. Haben Sie Erbarmen. Was ist es? Was muss man tun, damit sich die Pyjamas vermehren? Erlösen Sie mich um Gottes willen, Stockler!«

Stockler sah mich lange an. Es fiel ihm schwer, seine innere Erregung zu meistern. Endlich sagte er: »Gehen Sie nach Hause und lösen Sie die Schale einer halbverfaulten Banane in Benzin auf. Lassen Sie die Flüssigkeit verdampfen, warten Sie, bis der Rückstand getrocknet ist, und pulverisieren Sie ihn. Eineinhalb gehäufte Teelöffel auf zwei Liter Wasser …« Wie von Furien gejagt sauste ich nach Hause – nein, zuerst zu Masalgowitsch. Die Rollläden vor seinem Laden waren bereits heruntergelassen. Ich stürzte zur Hintertür. Sie war geschlossen. Durch das Guckloch sah ich Masalgowitsch im Zwielicht eines Ladenwinkels stehen. Er griff gerade in eine große Kiste mit der Aufschrift »Made in Germany«. Was er aus der Kiste hervorzog, waren kleine Nylonsäckchen. Und was in den kleinen Nylonsäckchen wimmelte, waren lauter kleine Pyjamas.

Mit einem heiseren Aufschrei warf ich mich gegen die Tür. Sie barst. Schreckensbleich starrte mich Masalgowitsch an. »Ich … ich kann nichts dafür«, stammelte er. »Wer weiß denn schon, wie sich diese verdammten Viecher vermehren … Aber in Hamburg gibt es ein Versandhaus, das liefert in die ganze Welt. Auch an mich. Erst gestern hat Herr Stockler 250 Fingerlinge bei mir gekauft. Wenn Sie wollen, können Sie mir einen Wechsel geben, so wie er. Ich sag's keinem Menschen …«

Das also war das Ritual der alten Drusen.

Das war Stocklers Geheimnis. Vermehrung durch die Post. »Was kostet die ganze Kiste?«, fragte ich. Wenige Tage später besuchte mich Stockler. Ich fiel ihm um den Hals. Freudentränen glänzten in meinen Augen.

»Ich danke Ihnen, mein Freund. Ich danke Ihnen aus tiefstem Herzen. Die Bananen-Benzin-Mischung hat Wunder gewirkt!« Stockler war sprachlos. Sein Blick wanderte langsam über die sechzehn Aquarien, die alle Ecken meines Zimmers füllten und in denen sich Unmengen munterer Pyjamas tummelten. Plötzlich begannen seine Augenbälle wild zu rollen, wie das unmittelbar vor Ausbruch eines Tobsuchtsanfalls üblich ist. Dann, mit einem unartikulierten Aufwimmern, stürzte er davon.

Gestern traf ich ihn bei Masalgowitsch. Er übersah meinen Gruß. Mich ließ das gleichgültig. Einen erfahrenen Fischzüchter wie mich kann man nicht so schnell beleidigen. Mit demonstrativer Selbstverständlichkeit kaufte ich sieben Behälter und verließ den Laden mit dem festen Schritt eines Fachmanns, der ganz genau weiß, wie man Fische kauft und Aquarien züchtet.

Warten auf Nebenzahl

7. April. Heute brach unser Tisch unter der Last des festlichen Mahls endlich zusammen. Meine Frau war darüber sehr froh. Sie hatte das wackelige Möbelstück ohnehin schon lange loswerden wollen. Ich zersägte es freudig, und wir machten einen schönen Scheiterhaufen daraus.

Meine Frau behauptet, dass man in Jaffa Tische direkt beim Hersteller kaufen kann. Das geht rascher und ist billiger.

8. April. Der Hersteller, bei dem wir den Tisch bestellt haben, heißt Josef Nebenzahl. Er machte auf uns einen besseren Eindruck als seine Konkurrenten. Er ist ein ehrlicher, aufrechter Mann von sympathischem Äußeren. Als wir bei ihm erschienen, steckte er bis über beide Ohren in der Arbeit. Sein gewaltiger Brustkorb hob und senkte sich mit imposanter Regelmäßigkeit, während er Brett um Brett zersägte, und die tadellosen Maschinen stampften den Takt dazu. Für den Tisch verlangte er 360 Pfund Anzahlung. Meine Frau versuchte zu handeln, hatte aber kein Glück.

»Madame«, sagte Josef Nebenzahl und sah ihr mit festem Blick ins Auge, »Josef Nebenzahl leistet ganze Arbeit und weiß, was sie wert ist. Er verlangt nicht einen Piaster mehr und nicht einen Piaster weniger!«

So ist's recht, dachten wir. Das ist die Rede eines

ehrlichen Mannes. Ich fragte, wann der Tisch fertig wäre. Nebenzahl zog ein kleines Notizbuch aus seiner Hosentasche: Montagmittag. Meine Frau schilderte ihm lebhaft, wie es ohne Tisch bei uns zuginge, dass wir stehend essen müssten und dass unser Leben kein Leben sei. Nebenzahl ging in die Nebenwerkstatt, um sich mit seinem Partner zu beraten, kam zurück und sagte: »Sonntagabend.« Aber wir müssten den Transport bezahlen. Nachdem ich die Hälfte der Transportkosten bezahlt hatte, nahmen wir Abschied. Nebenzahl schüttelte uns kräftig die Hand und sah uns mit festem Blick in die Augen: Mir könnt ihr vertrauen.

14. April. Bis Mitternacht haben wir auf den Tisch gewartet. Er kam nicht. Heute früh rief ich Nebenzahl an. Sein Partner sagte mir, Nebenzahl hätte auswärts zu tun, und er wüsste nichts von einem Tisch. Aber sobald Nebenzahl zurückkäme, würde er uns anrufen. Nebenzahl rief uns nicht an. Unsere Mahlzeiten nahmen wir auf dem Teppich ein.

15. April. Ich fuhr nach Jaffa, um Krach zu schlagen. Nebenzahl steckte bis über beide Ohren in der Arbeit. Die Kreissäge, die er mit mächtiger Hand bediente, warf Fontänen von Sägespänen um sich. Ich musste mich vorstellen, da er sich nicht mehr an mich erinnerte. Dann erklärte er mir, dass sein bester Arbeiter vorzeitig zum Militärdienst eingezogen worden sei, und versprach mir den Tisch für morgen vier Uhr Nachmittag. Wir einigten uns auf 15.30 Uhr.

»Nebenzahl ist wie ein Präzisionsuhrwerk«, sagte

Nebenzahl. »Keine Sekunde früher und keine Sekunde später.«

17. April. Nichts. Ich rief an. Nebenzahl, so erfuhr ich von seinem Kompagnon, hatte sich in die Hand geschnitten und hatte sich verbinden lassen müssen, sodass der Tisch erst morgen zugestellt werden könnte.

Nun, ein Tag mehr oder weniger spielte wirklich keine Rolle.

18. April. Der Tisch kam nicht. Meine Frau behauptet, das von Anfang an gewusst zu haben. Nebenzahls schiefer, betrügerischer Blick hätte ihr sofort missfallen. Dann rief sie in Jaffa an. Nebenzahl selbst war am Telefon und fand überzeugende Trostworte. Das Tischholz hätte unvorhergesehene Schwellungen entwickelt, jetzt aber sei es im Druckrahmen und der Tisch so gut wie fertig. Außerdem seien die Beine noch nicht eingesetzt, aber das würde nicht länger als drei Tage dauern und das Polieren nicht länger als zwei.

Wir haben bereits große Übung im Sitzen mit untergeschlagenen Beinen. Die Japaner, ein altes Kulturvolk, nehmen ihre Mahlzeiten schließlich seit Jahrtausenden so ein.

21. April. Nebenzahls Partner rief uns von sich aus an, um uns mitzuteilen, dass der Polierer Mumps bekommen hätte. Meine Frau erlitt einen hysterischen Anfall. »Madame«, sagte Nebenzahls Partner, »wir könnten den Tisch im Handumdrehen fertig machen, aber wir wollen Ihnen doch eine erstklassige Handwerksarbeit liefern. Morgen um zwei Uhr bringen wir Ihnen den Tisch und trinken zusammen eine Flasche Bier.«

22. April. Sie brachten den Tisch weder um zwei Uhr noch danach. Ich rief an. Nebenzahl kam ans Telefon und wusste von nichts, versprach uns aber einen Anruf seines Partners.

23. April. Ich fuhr mit dem Bus nach Jaffa. Nebenzahl steckte bis über beide Ohren in der Arbeit. Als er mich sah, fuhr er mich unbeherrscht an, ich sollte ihn nicht unentwegt stören, unter solchem Druck könne er seine Verpflichtungen nicht erfüllen. Der Tisch sei in Arbeit. Was wollte ich also noch? Er zeigte mir die Bretter. Erste Qualität. Stahlhart. Wann? Ende nächster Woche. Sonntagvormittag.

5. Mai. Selbst diesen strahlenden Sonntag musste mir meine Frau durch ihre Unkenrufe verderben. »Sie werden nicht liefern«, sagte sie mit typisch weiblicher Hartnäckigkeit. »Du wirst schon sehen. Die Säge ist gebrochen.«

Zu Mittag rief ich an. Nebenzahl teilte mir mit, dass sie noch an der Arbeit wären. Sie hätten im Holz ein paar kleinere Sprünge entdeckt und wollten keine zweitklassige Handwerksarbeit abliefern.

Meine Frau hatte wieder einmal unrecht gehabt. Es war nicht die Säge, es waren Sprünge im Holz. Ende nächster Woche.

12. Mai. Nichts. Meine Frau hat sich bereits damit abgefunden, dass wir noch mindestens einen Monat warten müssten. Höchstens vierzehn Tage, sagte ich.

Ich rief an. Der Kompagnon teilte mir mit, dass Nebenzahl seit vorgestern Nachmittag abwesend sei. Irgendwelche Geschichten am Zollamt. Wir brauchten gar nicht mehr anzurufen, pünktlich am Morgen des 3. Juni würde der Tisch vor unserem Haus abgeladen.

»Siehst du«, wandte ich mich an meine Frau. »Du hast von einem Monat gesprochen, ich von vierzehn Tagen. Drei Wochen sind ein schöner Kompromiss.«

Wir essen liegend wie die Römer. Sehr reizvoll.

3. Juni. Nichts. Kein Anruf, keine Antwort. Meine Frau: Mitte August. Ich: Ende Juli. Fuhr mit dem Bus nach Jaffa. An der Endstation hielt gerade ein Taxi, der Fahrer steckte den Kopf heraus und rief: »Nebenzahl, Nebenzahl!« Sofort stiegen zwei weitere Passagiere ein. Einer von ihnen hatte seit sechs Monaten Präsenzdienst bei Nebenzahl wegen einer Sesselgarnitur. Der andere, ein Physikprofessor, wartete erst seit zwei Monaten auf seinen Arbeitstisch. Unterwegs freundeten wir uns herzlich an. In Nebenzahls Werkstatt fanden wir nur den Kompagnon. Alles würde sich bestens regeln, sagte er. Ich warf einen Blick in die Werkstatt. Die stahlharten Bretter waren verschwunden.

Auf dem Rückweg diskutierten wir über Nebenzahls Persönlichkeit, über die Arbeit, die ihn so sehr in Anspruch nimmt, und über seinen Wunsch, es allen recht zu machen. Daran wird er noch zugrunde gehen. Schon jetzt sieht er aus wie ein gehetztes Wild. Wir beschlossen, uns nächste Woche wieder an der Nebenzahl-Linie zu treffen.

Meine Frau leugnet, sich jemals auf Ende August festgelegt zu haben. Ich verlangte, dass von jetzt an alles schriftlich niedergelegt werden müsste.

30. Juli. Ich wette fünf Pfund auf den Termin Laubhüttenfest, das heuer in die erste Oktoberhälfte fällt. Meine Frau konterte mit dem Jahresende nach dem gregorianischen Kalender. Ihre Begründung: Geburt eines Sohnes Nebenzahls. Meine Begründung: Kurzschluss. Alles schriftlich festgehalten.

An der Haltestelle stieß ein weiterer Nebenzahl-Fan zu uns, ein älteres Mitglied des Obersten Gerichtshofs mit Bücherregal, zwei Jahre. Der Konvoi rollte nach Jaffa. Nebenzahl steckte bis über beide Ohren in der Arbeit. Durch Fontänen von Sägespänen und das Dröhnen von Maschinen rief er uns zu, dass er unmöglich mit jedem Einzelnen von uns sprechen könne. Ich wurde zum Sprecher der Gruppe bestimmt. Nebenzahl versprach diesmal feierlich, dass Ende November alles geliefert sein würde, mein Tisch sogar etwas früher, um das jüdische Neujahr herum. Warum so spät? Weil Nebenzahls eine Tochter erwarten. Der Physikprofessor schlug vor, dass wir auch untereinander Wetten abschließen sollten. In der gleichen Straße befände sich ein Buchdrucker, Schaukelstuhl, 18 Monate, der uns die nötigen Quiz-Formulare drucken würde. Gründung eines Nebenzahl-Klubs.

21. August. Diesmal fand die Klubsitzung bei uns statt. 31 Teilnehmer. Das Mitglied des Obersten Gerichtshofs brachte die endgültigen Statuten des Nebenzahl-Klubs mit. Wer ordentliches Mitglied werden will, muss mindestens drei Monate gewartet haben. Mit geringerer Wartezeit wird man nur Kandidat. Genehmigung der Wettformulare. Es sind jeweils drei Sparten auszufüllen: a) versprochenes Datum der Fertigstellung, b) Ausrede, c) tatsächliches Datum der Lieferung (Tag, Monat, Jahr). Mit großer Mehrheit wurde beschlossen, bei einem renommierten Künstler ein Porträt in Auftrag zu geben: Josef Nebenzahl, bis über beide Ohren in der Arbeit steckend und dem Besucher mit festem Blick in die Augen sehend.

Die Klubmitglieder sind ungewöhnlich nette Leute, ohne Ausnahme. Wir bilden eine einzige, große, glückliche Familie. Alle essen auf dem Fußboden.

2. Januar. Heute war ich an der Reihe, bei Nebenzahl vorzusprechen. Er entschuldigte sich für die Verspätung. Zeugenaussage vor Gericht. Zeitverlust. Dann zog er das kleine Notizbuch aus seiner Hosentasche, blätterte, überlegte angestrengt und versprach mir in die Hand, übermorgen Nachmittag mit der Arbeit an unserem Tisch zu beginnen. Wir füllten sofort die Formulare aus.

Meine Frau: 1. Juni. Ich: 7. Januar nächsten Jahres.

1. Februar. Festversammlung des Nebenzahl-Klubs. Ständiges Anwachsen der Mitgliederzahl. Am Quiz beteiligen sich bereits 104 Personen. Die Inhaberin hatte 50 Pfund auf die Lieferung einer Ersatzschublade gewettet, 15. Januar, Grippe, 7. Juli, und gewann 500 Pfund, da sie sowohl die beiden Daten als auch die Ausrede richtig erraten hatte. Die Festsetzung wurde durch ein Konzert unseres Kammerquartetts eröffnet, drei Stühle, eine Gartenbank. Im Rahmen des Kulturprogrammes hielt der Prorektor des Technikums in Haifa einen Vortrag über das Thema »Der Tisch, ein überflüssiges Möbel«. Seine farbigen Schilderungen über die Speisegewohnheiten des frühen Neandertalers fanden größtes Interesse. Nach dem Bankett erfolgte in drei Bussen die traditionelle Pilgerfahrt nach Jaffa.

Nebenzahl steckte bis über beide Ohren in der Arbeit. Er versprach, bis Freitagnachmittag alles fertigzustellen. Die Verzögerung sei auf eine unangenehme Affäre in seiner Familie zurückzuführen.

4. September. Unser Exekutivkomitee bereitet die Einrichtung eines medizinischen Hilfsfonds für Nebenzahl-Kunden vor. Ferner wurde eine Monatszeitschrift mit dem Titel »Ewigkeit« beschlossen, die sich mit aktuellen Fragen beschäftigen soll: Beschreibung neuer Maschinen in den Nebenzahl-Werkstätten, mit Fotos, Namenslisten, Lehrlingen und Gehilfen, Resultate des Nebenzahl-Quiz, Führungen durch Jaffa, eine ständige Rubrik »Neues aus der Tischlerei« und anderes mehr. Das Training unserer Basketballmannschaft findet jetzt zweimal wöchentlich statt. Wir machen gute Fortschritte. Das Geld für den Bau eines Nebenzahl-Klubhauses soll durch Anleihen aufgebracht werden.

Nach Schluss der Sitzung wurde der in den Statuten vorgeschriebene Anruf nach Jaffa durchgeführt.

Nur der Kompagnon da. Nebenzahl befindet sich auf Hochzeitsreise. Der Kompagnon versprach, für beschleunigte Abwicklung zu sorgen. Meine Frau setzte 300 Pfund auf den 17. August in drei Jahren.

10. Januar. Etwas vollkommen Unerklärliches ist geschehen. Heute Vormittag erschien Josef Nebenzahl vor unserem Haus und zog eine Art von Tisch hinter sich her. Wir fragten uns, was er wohl vorhätte. Nebenzahl erinnerte uns, dass wir vor einiger Zeit, er wüsste nicht mehr genau, wann, bei ihm einen Tisch bestellt hätten, und der wäre jetzt also fertig. Offenbar handelte er in geistiger Umnachtung. Seine Augen flackerten. »Nebenzahl verspricht, Nebenzahl liefert«, sagte er. »Bitte zahlen Sie den Transport.«

Es war ein fürchterlicher Schlag für uns. Adieu, Nebenzahl-Klub, adieu, Vorstandssitzungen, Kulturprogramm und Wetten. Aus und vorbei. Und das Schlimmste ist: Wir wissen nicht, was wir mit dem Tisch machen sollen. Wir können längst nicht mehr im Sitzen essen. Meine Frau meint, wir sollten uns nach den Mahlzeiten unter dem Tisch zur Ruhe legen.

Les Parents terribles

Als wir uns nach langen und reiflichen Überlegungen zu einer Erholungsreise entschlossen hatten, meine Frau und ich, machten wir uns an die Ausarbeitung eines detaillierten Plans. Alles klappte, nur ein einziges Problem blieb offen: Was werden die Kinder sagen? Nun, Rafi ist schon ein großer Junge, mit dem man vernünftig reden kann. Er begreift, dass Mami und Papi vom König der Schweiz eingeladen wurden und dass man einem König nicht Nein sagen darf, sonst wird er wütend. Das wäre also in Ordnung. Aber was machen wir mit Amir? Amir zählt knapp zweieinhalb Jahre, und in diesem Alter ist das Kleinkind bekanntlich am heftigsten an seine Eltern attachiert. Wir wissen von Fällen, in denen verantwortungslose Eltern ihr Kind für zwei Wochen allein ließen – und das arme Wurm trug eine Unzahl von Komplexen davon, die schließlich zu seinem völligen Versagen im Geographieunterricht führten. Ein kleines Mädchen in Natanja soll auf diese Art sogar zur Linkshänderin geworden sein.

Ich besprach das Problem beim Mittagessen mit meiner Frau, der besten Ehefrau von allen. Aber als wir die ersten französischen Vokabeln wechselten, legte sich über das Antlitz unseres jüngsten Sohnes ein Ausdruck unbeschreiblicher, herzzerreißender Trauer. Aus großen Augen sah er uns an und fragte mit schwacher Stimme: »Walum? Walum?«

Das Kind hatte etwas gemerkt, kein Zweifel. Das Kind war aus dem inneren Gleichgewicht geraten. Er hängt sehr an uns, der kleine Amir, ja, das tut er.

Ein kurzer Austausch stummer Blicke genügte meiner Frau und mir, um den Plan einer Auslandsreise sofort aufzugeben. Es gibt eine Menge Ausland, aber es gibt nur einen Amir. Wir fahren nicht und damit gut. Wozu auch? Wie könnte uns Paris gefallen, wenn wir ununterbrochen daran denken müssten, dass Amir inzwischen zu Hause sitzt und mit der linken Hand zu schreiben beginnt? Man hält sich Kinder nicht zum Vergnügen wie Blumen oder Zebras. Kinder zu haben, ist eine Berufung, eine heilige Pflicht, ein Lebensinhalt. Wenn man seinen Kindern keine Opfer bringen kann, dann lässt man besser alles bleiben und geht auf eine Erholungsreise.

Das war genau unser Fall. Wir hatten uns sehr auf diese Erholungsreise gefreut, wir brauchten sie, physisch und geistig, und es wäre uns sehr schwergefallen, auf sie zu verzichten. Wir wollten ins Ausland fahren. Aber was tun wir mit Amir, dem traurigen, dem großäugigen Amir?

Wir berieten uns mit Frau Golda Arje, unserer Nachbarin. Ihr Mann ist Verkehrspilot, und sie bekommt zweimal im Jahr Freiflugtickets. Wenn wir sie richtig verstanden haben, bringt sie ihren Kindern die Nachricht jeweils stufenweise bei, beschreibt ihnen die Schönheit der Länder, die sie überfliegen wird, und kommt mit vielen Fotos nach Hause. So nimmt das Kind an der Freude der Eltern teil, ja es hat beinahe das Gefühl, die Reise miterlebt zu haben. Ein klein wenig Behutsamkeit und Verständnis, mehr braucht's nicht. Noch vor hundert Jahren wären Frau Golda Arjes Kinder, wenn man ihnen gesagt hätte, dass die Mutti nach Amerika geflogen ist, in hysterische Krämpfe verfallen und wären Taschendiebe geworden. Heute, dank der Psychoanalyse und dem internationalen Flugverkehr, finden sie sich mühelos mit dem Unvermeidlichen ab.

Wir setzten uns mit Amir zusammen. Wir wollten offen mit ihm reden, von Mann zu Mann. »Weißt du, Amirlein«, begann meine Frau, »es gibt so viele tiefe Seen in ...«

»Nicht wegfahren!« Amir stieß einen schrillen Schrei aus. »Mami, Papi, nicht wegfahren! Amir nicht allein lassen! Keine Seen! Nicht fahren!«

Tränen strömten über seine zarten Wangen, angstbebend presste sich sein kleiner Kinderkörper gegen meine Knie. »Wir fahren nicht weg!« Beinahe gleichzeitig sprachen wir beide es aus, gefasst, tröstend, endgültig. Die Schönheiten der Schweiz und Italiens zusammengenommen rechtfertigen keine kleinste Träne in unseres Lieblings blauen Augen. Sein Lächeln beglückt uns mehr als jedes Alpenglühen. Wir bleiben zu Hause. Wenn das Kind etwas älter ist, sechzehn oder zwanzig, wird man weitersehen. Damit schien das Problem gelöst. Leider trat eine unvorhergesehene Komplikation auf: Am nächsten Morgen beschlossen wir, trotzdem zu fahren. Wir lieben unseren Sohn Amir, wir lieben ihn über alles, aber wir lieben auch Auslandsreisen sehr. Wir werden uns von dem kleinen Unhold nicht um jedes Vergnügen bringen lassen. In unserem Bekanntenkreis gibt es eine geschulte Kinderpsychologin. An sie wandten wir uns und legten ihr die delikate Situation genau auseinander.

»Ihr habt einen schweren Fehler gemacht«, bekamen wir zu hören. »Man darf ein Kind nicht anlügen, sonst trägt es seelischen Schaden davon. Ihr müsst ihm die Wahrheit sagen. Und unter gar keinen Umständen dürft ihr heimlich die Koffer packen. Im Gegenteil, der Kleine muss euch dabei zuschauen. Er darf nicht das Gefühl haben, dass ihr ihm davonlaufen wollt.«

Zu Hause angekommen, holten wir die beiden großen Koffer vom Dachboden, klappten sie auf und riefen Amir ins Zimmer. »Amir«, sagte ich geradeheraus und mit klarer, kräftiger Stimme, »Mami und Papi …«

»Nicht wegfahren!«, brüllte Amir. »Amir liebt Mami und Papi! Amir nicht ohne Mami und Papi lassen! Nicht wegfahren!«

Das Kind war ein einziges, großes Zittern. Seine Augen schwammen in Tränen, seine Nase tropfte, seine Arme flatterten in hilflosem Schrecken durch die Luft. Er stand unmittelbar vor einem nie wiedergutzumachenden Schock, der kleine Amir. Nein, das durfte nicht geschehen. Wir nahmen ihn in die Arme, wir herzten und kosten ihn. »Mami und Papi fahren nicht weg … warum glaubt Amir, dass Mami und Papi wegfahren … Mami und Papi haben Koffer geholt und nachgeschaut, ob Spielzeug für Amir drin ist … Mami und Papi bleiben zu Hause … immer … ganzes Leben … nie wegfahren … immer nur Amir … nichts als Amir … Europa pfui …«

Aber diesmal war Amirs seelische Erschütterung schon zu groß. Immer wieder klammerte er sich an mich, in jedem neuen Aufschluchzen lag der Weltschmerz von Generationen. Wir selbst waren nahe daran, in Tränen auszubrechen. Was hatten wir da angerichtet, um Himmels willen? Was ist in uns gefahren, dass wir diese kleine, zarte Kinderseele so brutal verwunden konnten? »Steh nicht herum wie ein Idiot!«, ermahnte mich meine Frau. »Bring ihm einen Kaugummi!«

Amirs Schluchzen brach so übergangslos ab, dass man beinahe die Bremsen knirschen hörte. »Kaugummi? Papi blingt Amir Kaugummi aus Eulopa?«

»Ja, mein Liebling, ja natürlich. Kaugummi. Viel, viel Kaugummi. Mit Streifen.« Das Kind weint nicht mehr. Das Kind strahlt übers ganze Gesicht.

»Kaugummi mit Stleifen, Kaugummi mit Stleifen! Papi Amir Kaugummi aus Eulopa holen! Papi wegfahren! Papi schnell wegfahren! Viel Kaugummi für Amir!«

Das Kind hüpft durchs Zimmer, das Kind klatscht in die Hände, das Kind ist ein Sinnbild der Lebensfreude und des Glücks. »Papi wegfahren! Mami wegfahren! Beide wegfahren! Schnell, schnell! Walum Papi noch hier! Walum …«

Und jetzt stürzten ihm wieder die Tränen aus

den Augen, sein kleiner Körper bebte, seine Hände krampften sich am Koffergriff fest, mit seinen schwachen Kräften wollte er den Koffer zu mir heranziehen.

»Wir fahren ja, Amir, kleiner Liebling«, beruhigte ich ihn. »Wir fahren sehr bald.« »Nicht bald! Jetzt gleich! Mami und Papi jetzt gleich wegfahren!«

Das war der Grund, warum wir unsere Abreise ein wenig vorverlegen mussten. Die letzten Tage waren recht mühsam. Der Kleine gab uns allerlei zu schaffen. In der Nacht weckte er uns durchschnittlich dreimal aus dem Schlaf, um uns zu fragen, warum wir noch hier wären und wann wir endlich fahren. Er hängt sehr an uns, Klein Amir, sehr. Wir werden ihm viele gestreifte Päckchen Kaugummi mitbringen. Auch die Kinderpsychologin bekommt ein paar Päckchen.

Kurz vor der Ankunft in Haifa war uns seltsam unbehaglich zumute. Etwas lag in der Luft. Wir hätten nicht zu sagen vermocht, was es war – aber es lag.

»Der Schornstein gefällt mir nicht«, murmelte die beste Ehefrau von allen. Ich schwieg. »Und dieses merkwürdige Stampfen«, äußerte sie einige Minuten später.

Auch mir schien etwas an dem Geräusch nicht ganz geheuer. Um die Nervosität meiner Frau nicht noch zu steigern, blieb ich bei meinem Schweigen und betete stumm in mich hinein. Was war das nur? Was um des Himmels willen …

»Ich hab's!«, rief meine Frau plötzlich aus. »Der gestreifte Kaugummi! Wir haben den Kaugummi vergessen!« Bleicher Schrecken durchfuhr mich. Ich versuchte das verzweifelte Bündel Mensch neben mir zu trösten.

»Vielleicht«, stotterte ich, »vielleicht erinnert sich Amir nicht mehr ...« Aber ich glaubte selbst nicht daran. Ich lief in die Schiffskantine, um Kaugummi zu kaufen. Es gab keinen. Das Kaugummi-Ähnlichste, was man uns anbot, war eine zwei Meter große Stoffgiraffe. Wir nahmen sie und dazu noch eine Miniaturplastik der Akropolis, eine Puppe in griechischem Schottenrock sowie ein Ölgemälde der Jungfrau mit dem Kinde.

Zwei Stunden später waren wir zu Hause. Als wir von fern die beiden kleinen Knaben erspähten, die uns und unserem Gepäck erwartungsvoll entgegenblickten, begannen unsere Herzen wild zu klopfen. Mit Rafi würde es keine Schwierigkeiten geben, er war jetzt schon alt genug, er war ein vernünftiges Kind, außerdem hatten wir ihm sicherheitshalber einen Helikopter aus Schokolade und ein Luftdruckgewehr gekauft, ganz zu schweigen von der elektrischen Eisenbahn und dem gefütterten Wintermantel (der eigentlich nicht zählte). Der Billardtisch und das Motorboot würden nachkommen. Nein, um Rafi brauchten wir uns nicht zu sorgen. Aber wie stand es mit Amir? Wir hoben ihn hoch, wir herzten ihn, wir setzten ihn behutsam wieder zu Boden. Und während ihm seine Mutter vorsorglich über die Locken strich, fragte sein Vater:

»Na! Haben wir die Stoffgiraffe mitgebracht oder nicht?« Amir gab keine Antwort. Er sah zuerst die

Giraffe an und dann seine Eltern, mit dem gleichen leeren Blick, als wären wir ihm völlig aus dem Gedächtnis entschwunden. Für ein kleines Kind sind drei Wochen eine sehr lange Zeit. Vielleicht erkannte er uns nicht. Und von Menschen, die man nicht kennt, wird man wohl schwerlich gestreiften Kaugummi erwarten können.

Im Auto saß er stumm auf den Knien seiner Großmutter und starrte vor sich hin. Erst als die Stadt Tel Aviv in Sicht kam, glomm in seinen Augen ein erstes Anzeichen von Familienzugehörigkeit auf.

»Wo ist Kaugummi?«, fragte er.

Ich brachte kein Wort hervor. Auch die beste Ehefrau von allen beschränkte sich auf ein unartikuliertes Seufzen, das nur langsam die Gestalt halbwegs zusammenhängender Worte annahm: »Der Onkel Doktor … weißt du, Amirlein … der Onkel Doktor sagt, gestreifter Kaugummi ist schlecht fürs Bauchi … ungesund, weißt du …« Amirs Antwort erfolgte so plötzlich und in so übergangsloser Lautstärke, dass der Fahrer den Wagen verriss.

»Onkel Doktor blöd, Onkel Doktor ekelhaft!«, brüllte er. »Papi und Mami pfui. Amir will Kaugummi haben. Gestleiften Kaugummi.«

Jetzt mischte sich die liebe Oma ein. »Wirklich, warum habt ihr ihm keinen Kaugummi mitgebracht?«

Das veranlasste Amir, noch höhere Lautstärke aufzudrehen. In solchen Augenblicken ist er gar nicht so hübsch wie sonst. Seine Nase läuft purpurrot an, und rote Haare hat er ja sowieso.

Auch die zu Hause ergriffenen Gegenmaßnahmen fruchteten nichts. Wir setzten die elektrische Eisenbahn in Betrieb, verschiedenfarbige Luftballons stiegen zur Decke, die beste Ehefrau von allen blies auf einer römischen Trompete, ich selbst schlug ein paar Purzelbäume und bediente dabei die griechische Trommel. Amir sah mir so lange reglos zu, bis ich aufhörte.

»Na, Amir, mein Sohn? Womit werden wir denn die Giraffe füttern?«, fragte ich. »Mit Kaugummi«, antwortete Amir, mein Sohn. »Mit gestleiftem Kaugummi.«

Man musste die Sache anders angehen, man musste dem Kind die Wahrheit sagen, man musste ihm gestehen, dass wir den Kaugummi vergessen hatten, ganz einfach vergessen. »Papi hatte auf dieser Reise sehr viel zu tun, Amir, und hatte keine Zeit, Kaugummi zu kaufen«, begann ich.

Amirs Gesicht verfärbte sich blau, und auch das ist kein schöner Anblick: ein blaues Gesicht unter roten Haaren. Ich wandte mich ein wenig seitwärts.

»Aber der König der Schweiz hat mir fünf Kilo Kaugummi für dich mitgegeben. Sie stehen im Keller. Gestreifter Kaugummi für Amir in einem gestreiften Karton. Aber du darfst nicht hinuntergehen, hörst du? Sonst kommen die Krokodile und fressen dich. Krokodile sind ganz verrückt nach Kaugummi. Wenn sie erfahren, dass im Keller so viel Kaugummi für Amir liegt, fliegen sie sofort los – moderne Krokodile haben Propeller, weißt du – und besetzen zuerst den Keller, dann kommen sie ins Kinderzimmer und schnappen nach Amir, haff-haff-haff, und reißen alle Schubladen auf und suchen überall nach Kaugummi. Willst du, dass Krokodile ins Haus kommen?«

»Ja!«, jauchzte Amir. »Gestleifte Klokodile. Wo sind die Klokodile? Wo?« Mitten ins Scheitern meines pädagogischen Umgehungsmanövers kam die beste Ehefrau von allen aus dem Nachbarhaus zurück, wo sie vergebens um Kaugummi gebettelt hatte. Und die Läden waren bereits geschlossen. Unheilbarer Schaden drohte dem Seelenleben unseres Söhnchens. Wir haben ihm den kostbarsten Besitz entrissen: das Vertrauen zum eigenen Fleisch und Blut. Aus solchem Stoff werden Tragödien gemacht.

»Kaugummi!«, brüllte Amir. »Will gestleiften Kaugummi!« Großmutti hat den Inhaber des benachbarten Kaufladens aus dem Schlaf geweckt, aber der benachbarte Kaufladen führt keinen gestreiften Kaugummi, sondern nur ganz gewöhnlichen. Ich verschwinde mit dem gewöhnlichen Kaugummi in die Küche und mache mich daran, mit Wasserfarben die erforderlichen Streifen aufzumalen. Die beste Ehefrau von allen versucht mir lautstark klarzumachen, wie gefährlich das ist. Rafi hat die griechische Trommel entdeckt und bedient sie unablässig. Die Wasserfarben halten nicht und laufen vom Kaugummi hinunter. Im Nebenzimmer explodiert ein Luftballon mit lautem Knall. Großmutti telefoniert nach dem Doktor. Amir erscheint mit geschwollenen Augen im blauen Gesicht unter den roten Haaren und heult.

»Papi hat Amir Kaugummi versprochen! Kaugummi mit Stleifen!«

Jetzt reicht's mir. Ich weiß nicht, was da so plötzlich in mich gefahren ist – aber im nächsten Augenblick schleudere ich den Kasten mit den Wasserfarben an die Wand, und aus meiner Kehle dringt ein wildes Aufbrüllen.

»Ich habe keinen Kaugummi! Und ich werde auch keinen haben! Zum Teufel mit den verdammten Streifen! Noch ein Wort, du niederträchtiger Balg, und ich breche dir alle Knochen im Leib! Hinaus! Marsch hinaus, bevor ich meine Ruhe verliere!« Großmutti und ihre Tochter sind in Ohnmacht gefallen. Auch ich fühle mich einem Zusammenbruch nahe. Was ist mit mir geschehen? Was ist mir eingefallen? Noch nie im Leben habe ich die Stimme gegen mein Kind erhoben. Und gerade jetzt, gerade da wir von einer Reise zurückgekommen sind und ihm die schwerste Enttäuschung seines kleinen Lebens verursacht haben, gerade jetzt werfe ich meine Erziehungsgrundsätze über den Haufen? Wird der arme kleine Amir diesen Schock jemals überwinden? Es scheint so.

Amir hat nach dem Kaugummi gegriffen, den ich in der fühllosen Hand behalten habe, steckt ihn in den Mund und kaut genießerisch.

»Mh. Schmeckt fein. Guter Kaugummi. Stleifen pfui.« Überall ist es schön, aber zu Hause ist es am schönsten. Und in Acapulco.

Das siebte Jahr

Die himmlischen Regionen lagen in strahlendem Licht. Überall herrschte majestätische Ruhe. Gott der Herr saß auf Seinem Wolkenthron und lächelte zufrieden wie immer, wenn alles nach Seinen Wünschen ging.

Einer der Himmelsbeamten, ein nervöser kleiner Kerl mit schütterem Spitzbart, bat um einen Termin. »Allmächtiger Weltenherr«, begann er. »Verzeih die Störung …«

»Was gibt's?«

»Es handelt sich schon wieder um Israel.«

»Ich weiß.« Gott machte eine resignierte Handbewegung. »Die unreinen Fleischkonserven aus England.«

»Wenn es nur das wäre. Aber sie bearbeiten das Land. Auch in den Kibbuzim der religiösen Parteien.«

»Sollen nur arbeiten. Es wird ihnen nicht schaden.«

»Herr der Welt«, sagte der Beamte und hob beschwörend die Hände. »Heuer ist ein Schmitta-Jahr, ein siebentes Jahr, Herr, ein Jahr, in dem alle Landarbeit zu ruhen hat, auf dass Dein Wille geschehe.«

Der Herr der Welt schloss nachdenklich die Augen. Dann widerhallte Seine Stimme durch den Weltenraum. »Ich verstehe. Sie bearbeiten das Land, das Ich ihnen gegeben habe auch im Jahr der Sabbatruhe.

Sie missachten Meine Gebote. Das sieht ihnen ähnlich. Wo ist Bunzl?« Geschäftiges Durcheinander entstand. Himmlische Boten flogen in alle Richtungen, um Ausschau zu halten nach dem Vertreter der Orthodoxen Partei Israels im Himmel, Isidor Bunzl, geborener Preßburger. Blitze durchzuckten das All. Bunzl kam angerannt. Sein Gebetsmantel flatterte hinter ihm her.

»Warum bebaut ihr euer Land in einem siebenten Jahr?«, donnerte der Herr. »Antworte!«

Isidor Bunzl senkte demütig den Kopf. »Adonai Zebaoth, wir bebauen unser Land nicht. Wir besitzen gar kein Land in Israel.«

»Sprich keinen Unsinn. Was ist los mit eurem Land?«

»Es wurde vom Rabbinat an einen Araber verkauft. Alles Land. In ganz Israel befindet sich derzeit kein Land in jüdischen Händen. Deshalb können wir unser Land auch nicht bebauen.«

Das Antlitz des Herrn verfinsterte sich. »An einen Araber verkauft? Ganz Israel? Unerhört! Wo ist Mein Rechtsberater?«

Im nächsten Augenblick schwebte Dr. Siegbert Krotoschiner herbei. »Herr der Heerscharen«, begann er seine Erklärung, »die Situation ist rechtlich völlig klar. Das Ministerium für religiöse Angelegenheiten hat aufgrund einer Vollmacht, die ihm vom Landwirtschaftsministerium erteilt wurde, das gesamte israelische Ackerland für die Dauer eines Jahres an einen Araber verkauft. Die Vertragsunterzeichnung erfolgte in Jerusalem, im Beisein von Vertretern der Regierung und des Rabbinats.«

»Und warum verkauft man das Land ausgerechnet in einem Schmitta-Jahr?« Die Stirne des Herrn legte sich in tiefe Furchen. »Und ausgerechnet für die Dauer eines Jahres? Alles Land? An einen Araber? Sehr merkwürdig.«

»Die Beteiligten haben den Vertrag ordnungsgemäß gezeichnet und gesiegelt und in einem Banksafe deponiert«, erläuterte Dr. Krotoschiner. »Er ist juristisch unanfechtbar.«

»Wurde das Schofar geblasen?«, fragte Gott der Herr. »Selbstverständlich«, beruhigte Ihn Isidor Bunzl. »Selbstverständlich.«

Gott der Herr war noch nicht überzeugt. Sturmwolken zogen auf, ein paar Engel begannen zu zittern. »Mir gefällt das alles nicht«, sprach der Herr. »Nach Meinem Gebot soll das Land in jedem siebenten Jahr ruhen, und es ruhe auch der, welcher es bebaut. Nie habe Ich gesagt, dass dieses Gebot auf verkauftes Land nicht anzuwenden ist.«

»Verzeih, Allmächtiger«, Isidor Bunzl warf sich dem Herrn zu Füßen. »Schlage mich, wenn Du willst, mit starker Hand, aber in dieser Sache kenne ich mich besser aus als Du. Es steht ausdrücklich geschrieben …« »*Was* steht ausdrücklich geschrieben?«, unterbrach ihn zürnend der Herr. »Ich möchte das Protokoll sehen!«

»Moses, Moses!«, schallte es durch den Raum. Der Gerufene erschien unter Sphärenklängen, die fünf

Protokollbücher unterm Arm. Freundlich nickte der Herr ihm zu. »Lies mir die diesbezügliche Stelle vor, mein Freund.«

Schon nach kurzem Blättern hatte Moses die Stelle gefunden. »In meinem dritten Buch, Kapitel 25, Absatz 2, 3 und 4, heißt es wie folgt: ›Rede mit den Kindern Israels, und sprich zu ihnen: Wenn ihr in das Land kommt, das ich euch geben werde, so soll das Land dem Herrn die Feier halten.‹« »Da habt ihr's«, Gott blickte triumphierend in die Runde. »Ich wusste es ja.«

»Sechs Jahre sollt ihr eure Felder besäen«, fuhr Moses fort, »und eure Weinberge beschneiden und die Früchte einsammeln. Im siebenten Jahre aber soll das Land seine große Feier dem Herrn feiern und sollt eure Felder nicht besäen noch eure Weinberge beschneiden.«

Moses klappte das Protokollbuch zu. Eine Pause entstand. Da ergriff Bunzl das Wort. »Du siehst, König der Könige, es heißt ausdrücklich: *eure* Felder. Somit bezieht sich Dein Gebot nicht auf fremden Landbesitz.« »Von Landbesitz ist nirgends die Rede«, widersprach Gott, aber es klang ein wenig unsicher.

»Herr der Welt, das Rabbinatsgremium der Orthodoxen Partei hat diese Interpretation des Textes auf einer eigens einberufenen Tagung feierlich gebilligt.«

»Wurde das Schofar geblasen?«

»Selbstverständlich.«

»Hm ...« Der Heilige, gepriesen sei Sein Name, schien sich allmählich mit dem Arrangement abzufinden. Ein erleichtertes Aufatmen ging durch Sein Gefolge. Aber da verfinsterte sich Gottes Antlitz von Neuem, und Seine Stimme erhob sich grollend.

»Ihr könnt sagen, was ihr wollt, da stimmt etwas nicht. Irgendwo steckt doch ein Betrug. Wenn Ich nur wüsste, wo.« Der Herr versank in Gedanken. »Ihr behauptet also, das Ministerium für religiöse Angelegenheiten hat eine Vollmacht vom Landwirtschaftsministerium bekommen?«

»Ja, o Herr. Eine schriftliche Vollmacht.« »Wie darf ein Ministerium sich die Macht anmaßen, Mein Land zu verkaufen? An einen Araber? Für wie viel haben sie es verkauft?«

»Für 50 Pfund«, antwortete Dr. Krotoschiner. »Und selbst diese Summe hat man dem arabischen Käufer rückerstattet.«

»Die Geschichte wird immer undurchsichtiger«, zürnte der Ewige. »Was soll das alles? Ich habe dieses Land, in welchem Milch und Honig fließen, den Nachkommen Abrahams zu eigen gegeben für alle Zeiten, und dann kommt irgendein Landwirtschaftsminister und verschleudert es für 50 Pfund.«

»Wir haben das Schofar geblasen«, versuchte Isidor Bunzl zu beschwichtigen. Auf Gott den Herrn machte das keinen Eindruck mehr. Gott der Herr erhob sich. Gewaltig dröhnte Seine Stimme durch das All, gewaltige Donnerschläge begleiteten sie.

»Ich lege Berufung ein«, sprach der Herr. »Und wenn nötig, bringe Ich den Fall vor das Jüngste Gericht.«

Das Fernsehen als moralische Anstalt

»Wunder dauern höchstens eine Woche«, heißt es im Buche Genesis. Wie wahr! Nehmen wir zum Beispiel das Fernsehen:

Während der ersten Wochen waren wir völlig in seinem Bann und saßen allnächtlich vor dem neu erworbenen Gerät, bis die letzte Versuchsstation im hintersten Winkel des Vorderen Orients ihr letztes Versuchsprogramm abgeschlossen hatte. So halten wir's noch immer – aber von »gebannt« kann keine Rede mehr sein. Eigentlich benutzen wir den Apparat nur deshalb, weil unser Haus auf einem freiliegenden Hügel steht. Denn das bedeutet guten Empfang von allen Seiten.

Dieser Spielart des technischen Fortschritts ist auch Amir zum Opfer gefallen. Es drückt uns das Herz ab, ihn zu beobachten, wie er fasziniert auf die Mattscheibe starrt, selbst wenn dort eine Stunde lang nichts andres geboten wird als das Standbild »Pause« oder »Israelische Television«. Etwaigen Hinweisen auf sein sinnloses Verhalten begegnet er mit einer ärgerlichen Handbewegung und einem scharfen »Psst!«.

Nun ist es für ein kleines Kind nicht eben bekömmlich, Tag für Tag bis Mitternacht vor dem Fernsehkasten zu hocken und am nächsten Morgen auf allen vieren in den Kindergarten zu kriechen. Und die

Sorgen, die er uns damit verursachte, sind noch ganz gewaltig angewachsen, seit der Sender Zypern seine lehrreiche Serie »Die Abenteuer des Engels« gestartet hat und unsern Sohn mit schöner Regelmäßigkeit darüber unterrichtet, wie man den perfekten Mord begeht. Amirs Zimmer muss seither hell erleuchtet sein, weil er sonst vor Angst nicht einschlafen kann. Andererseits kann er auch bei heller Beleuchtung nicht einschlafen, aber er schließt wenigstens die Augen – nur um sie sofort wieder aufzureißen, weil er Angst hat, dass gerade jetzt der perfekte Mörder erscheinen könnte.

»Genug!«, entschied eines Abends mit ungewöhnlicher Energie die beste Ehefrau von allen. »Es ist acht Uhr. Marsch ins Bett mit dir!«

Der als Befehl getarnte Wunsch des Mutterherzens ging nicht in Erfüllung. Amir, ein Meister der Verzögerungstaktik, erfand eine neue Kombination von störrischem Schweigen und monströsem Gebrüll.

»Will nicht ins Bett!«, röhrte er. »Will fernsehen. Will Fernsehen sehen!« Seine Mutter versuchte ihn zu überzeugen, dass es dafür schon zu spät sei. Umsonst. »Und du? Und Papi? Für euch ist es nicht zu spät?«

»Wir sind Erwachsene.«

»Dann geht arbeiten!«

»Geh du zuerst schlafen!«

»Ich geh schlafen, wenn ihr auch schlafen geht.«

Mir schien der Augenblick gekommen, die väterliche Autorität ins Gespräch einzuschalten. »Vielleicht hast du recht, mein Sohn. Wir werden jetzt alle schlafen gehen.«

Ich stellte den Apparat ab und veranstaltete gemeinsam mit meiner Frau ein demonstratives Gähnen und Räkeln. Dann begaben wir uns selbdritt in unsere Betten. Natürlich hatten wir nicht vergessen, dass Kairo um 20.15 Uhr ein französisches Lustspiel ausstrahlte. Wir schlichen auf Zehenspitzen ins Fernsehzimmer zurück und stellten den Apparat vorsichtig wieder an.

Wenige Sekunden später warf Amir seinen Schatten auf den Bildschirm. »Pfui!«, kreischte er in nicht ganz unberechtigtem Zorn. »Ihr habt ja gelogen!«

»Papi lügt nie«, belehrte ihn seine Mutter. »Wir wollten nur nachschauen, ob die Ampexlampe nach links gebündelt ist oder nicht. Und jetzt gehen wir schlafen. Gute Nacht.« So geschah es. Wir schliefen sofort ein. »Ephraim«, flüsterte nach wenigen Minuten meine Frau aus dem Schlaf, »ich glaube, wir können hinübergehen ...«

»Still«, flüsterte ich ebenso schlaftrunken. »Er kommt.« Aus halb geöffneten Augen hatte ich im Dunkeln die Gestalt unseres Sohnes erspäht, der sich – offenbar zu Kontrollzwecken – an unser Zimmer herantastete.

Er nahm mein vorbildlich einsetzendes Schnarchen mit Befriedigung zur Kenntnis und legte sich wieder ins Bettchen, um sich vor dem perfekten Mörder zu fürchten. Zur Sicherheit ließen wir noch ein paar Minuten verstreichen, ehe wir uns abermals auf den Schleichweg zum Fernsehschirm machten. »Stell den Ton ab«, flüsterte meine Frau.

Das war ein vortrefflicher Rat. Beim Fernsehen, und daher der Name, kommt es ja darauf an, was man sieht, nicht darauf, was man hört. Und wenn's ein Theaterstück ist, kann man den Text mit ein wenig Mühe von den Lippen der Agierenden ablesen. Allerdings muss dann das Bild so scharf wie möglich herauskommen. Zu diesem Zweck drehte meine Frau den entsprechenden Knopf, genauer, den Knopf, von dem sie glaubte, dass es der entsprechende wäre. Er war es nicht. Wir erkannten das daran, dass im nächsten Augenblick der Ton mit erschreckender Vollkraft losbrach.

Und schon kam Amir herbeigestürzt. »Lügner! Gemeine Lügner! Schlangen! Schlangenlügner!« Und sein Heulen übertönte den Sender Kairo. Da unsere Befehlsgewalt für den heutigen Abend rettungslos untergraben war, blieb Amir nicht nur für die ganze Dauer des dreiaktigen Lustspiels bei uns sitzen, sondern genoss auch noch, leise schluchzend, die Darbietungen zweier Bauchtänzerinnen aus Amman. Am nächsten Tag schlief er im Kindergarten während der Gesangstunde ein. Die Kindergärtnerin empfahl uns telefonisch, ihn sofort in ein Krankenhaus zu bringen, denn er sei möglicherweise von einer Tse-Tse-Fliege gebissen worden. Wir begnügten uns jedoch damit, ihn nach Hause zu holen. »Jetzt gibt's nur noch eins«, seufzte unterwegs meine Frau.

»Nämlich?«

»Den Apparat verkaufen.«

»Verkauft ihn doch, verkauft ihn doch!«, meckerte Amir.

Wir verkauften ihn natürlich nicht. Wir stellten ihn nur pünktlich um 20 Uhr abends ab, erledigten die vorschriftsmäßige Prozedur des Zähneputzens und fielen vorschriftsmäßig ins Bett. Unter meinem Kopfkissen lag der auf 21.30 Uhr eingestellte Wecker. Es klappte. Amir konnte auf seinen zwei Kontrollbesuchen nichts Verdächtiges entdecken, und als der Wecker um 21.30 Uhr sein gedämpftes Klingeln hören ließ, zogen wir leise und behutsam die vorgesehenen Konsequenzen. Der dumpfe Knall, der unsere Behutsamkeit zuschanden machte, rührte daher, dass meine Frau mit dem Kopf an die Tür gestoßen war. Ich half ihr auf die Beine.

»Was ist los?«

»Er hat uns eingesperrt.« Ein begabtes Kind, das muss man schon sagen – wenn auch auf andrer Linie begabt als Frank Sinatra, dessen neuester Film vor fünf Minuten in Zypern angelaufen war. »Warte hier, Liebling. Ich versuch's von außen.«

Durchs offene Fenster sprang ich in den Garten, erkletterte katzenartig den Balkon im ersten Stock, zwängte meine Hand durch das Drahtgitter, öffnete die Tür, stolperte ins Parterre hinunter und befreite meine Frau. Nach knappen zwanzig Minuten saßen wir vor dem Bildschirm. Ohne Ton, aber glücklich.

In Amirs Region herrschte vollkommene, fast schon verdächtige Ruhe. Auf der Mattscheibe sang

Frank Sinatra ein lautloses Lied mit griechischen Untertiteln. Und plötzlich … »Achtung, Ephraim!«, konnte meine Frau mir gerade noch zuwispern, während sie das Fernsehgerät ins Dunkel tauchen ließ und mit einem Satz hinter die Couch sprang. Ich meinerseits kroch unter den Tisch, von wo ich Amir, mit einem langen Stock bewehrt, durch den Korridor tappen sah. Vor unserem Schlafzimmer blieb er stehen und guckte, schnüffelnd wie ein Bluthund, durchs Schlüsselloch. »Hallo!«, rief er. »Ihr dort drinnen! Hallo! Schlaft ihr?« Als keine Antwort kam, machte er kehrt, und zwar in Richtung Fernsehzimmer. Das war das Ende. Ich knipste das Licht an und empfing ihn mit lautem Lachen. »Hahaha!«, lachte ich und abermals: »Hahaha! Jetzt bist einmal *du* hereingefallen, Amir, mein Sohn, was?«

Die Details sind unwichtig. Seine Fausthiebe taten mir nicht weh, die Kratzer schon etwas mehr. Richtig unangenehm war, dass man in den Nachbarhäusern alles hörte. Dann holte Amir sein Bettzeug aus dem Kinderzimmer und baute es vor dem Fernsehapparat auf.

Irgendwie konnten wir ihn verstehen. Wir hatten ihn tief enttäuscht, wir hatten den Glauben an seine Eltern erschüttert, wir waren die eigentlich Schuldigen. Er nennt uns seither nur »Lügenpapi« und »Schlangenmami« und zeltet vor dem Bildschirm, bis der Morgen dämmert. In den ersten Nächten sah ich noch ein paarmal nach, ob er ohne uns fernsieht, aber er schlief den Schlaf des halbwegs Gerechten.

Wir ließen es dabei. Wir machten erst gar keinen Versuch, ihn zur Übersiedlung in sein Bett zu bewegen. Warum auch? Was tat er denn Übles? Fliegenfangen oder Katzenquälen wäre besser? Wenn er fernsehen will, soll er fernsehen. Morgen verkaufen wir den verdammten Kasten sowieso. Und kaufen einen neuen.

Die Rache des Kohlrabi

»Ephraim«, fragte mich eines Tages die beste Ehefrau von allen. »Ephraim, bin ich dick?«

»Nein, Frau«, antwortete ich, »du bist nicht dick.«

»Aber du bist dick.«

»Meinst du? Dann muss ich dir aber sagen, dass du noch viel dicker bist.« In Wahrheit ist niemand von uns beiden »dick« im eigentlichen Sinne des Wortes. Die beste Ehefrau von allen mag vielleicht an einigen Ecken und Enden ihres Körpers gewisse Rundungen aufweisen, und was mich betrifft, so sehe ich von hinten manchmal ein wenig schwammig aus. Aber das sind eher persönliche Eindrücke als das Gebot der Waage.

Trotzdem und für alle Fälle nahmen wir mit einer der Gewichtsüberwachungsstellen Kontakt auf, wie sie heute aus dem Boden schießen. Die Freundinnen meiner Frau erzählen Wunderdinge von diesen Kontrollstationen, die dem leichten Leben der Schwergewichtler ein Ende setzen. Zum Beispiel haben sie das Gewicht eines stadtbekannten Friseurs derart verändert, dass er jetzt 40 Kilo wiegt statt 130, und ein Theaterdirektor kam in zwei Monaten von 90 Kilo auf minus 10 Kilo.

Wir wurden von einer Direktrice und einem spindeldürren Dozenten in Empfang genommen. Noch wenige Monate zuvor, so berichteten seine hingerissenen Schüler, wurden zwei Sitzplätze frei, wenn er aus dem Omnibus ausstieg. Heute tritt er gelegentlich in einem Kindertheater als Gespenst auf.

Der Dozent machte uns umgehend mit der Vorgangsweise bekannt: Für jeden Abmagerungskandidaten wird eine eigene Akte angelegt. Gegen geringen Aufpreis wird er einmal wöchentlich einer mündlichen Gehirnwäsche unterzogen und bekommt ein schriftliches Menü. Man muss nicht gänzlich auf Nahrungsaufnahme verzichten, man muss nur bestimmte Dinge aufgeben, einschließlich der Geschmacksnerven. Kein Brot, kein Weißgebäck, keine Teigwaren, keine Butter. Nichts, was Fett, Stärke oder Zucker enthält. Stattdessen Kohlrabi in jeder beliebigen Menge, ungesäuertes Sauerkraut und aus dem Wasser gezogenen Fisch. Zwei Gläser Milch pro Tag. Keinerlei sportliche Betätigung, weil sie den Appetit anregt. Besonders empfohlen: einmal wöchentlich eine Stunde lang ausgestreckt auf dem Boden liegen und dazu lauwarmes Wasser trinken. Nach Ablauf von sieben Tagen wird man auf der Kontrollstelle gewogen, und wenn man kein Gewicht verloren hat, ist man selber schuld und soll sich schämen. Hat man Gewicht verloren, wird man anerkennend gestreichelt. »Ausgezeichnet«, sagte ich. »Wir sind sehr zärtlichkeitsbedürftig.«

Die Direktrice führte uns in einen andern Raum, wo wir eine Waage besteigen mussten, ohne Schuhe und ohne Armbanduhren. Das Resultat war niederschmetternd. »Es tut mir leid«, sagte die Direktrice.

»Sie können das erforderliche Übergewicht nicht aufweisen.«

Mir wurde schwarz vor Augen. Nie hätte ich geglaubt, dass man uns wegen einer solchen Formalität das Recht auf Abmagerung nehmen würde. Schließlich fehlten mir nur drei Kilo zu einem amtlich beglaubigten Fettwanst, und meine Frau, wenn auch von kleiner Statur, wäre mit einem Zuschlag von eineinhalb Kilo ausgekommen. Aber die Gewichtsüberwacher ließen nicht mit sich handeln.

So kehrten wir nach Hause zurück und begannen alles zu essen, was verboten war. Zwei Wochen später meldeten wir uns wieder auf der Kontrollstation, in der begründeten Hoffnung, dass unserer Aufnahme nun nichts mehr im Wege stünde. Zur Sicherheit hatte ich meine Taschen mit 50 Pfund in kleinen Münzen vollgestopft. »Herzlich willkommen«, sagte die Direktrice, nachdem sie uns gewogen hatte. »Jetzt kann ich eine Akte für Sie anlegen.« Hierauf gab uns der Dozent seine Anweisungen.

»Drei große Mahlzeiten täglich. Sie dürfen sich nicht zu Tode hungern. Sorgen Sie für Abwechslung. Wenn Ihnen das Sauerkraut über wird, wechseln Sie zum Kohlrabi und umgekehrt. Hauptsache: kein Fett, keine Stärke, kein Zucker. Kommen Sie in einer Woche wieder.«

Sieben Tage und sieben Nächte lang hielten wir uns sklavisch an die Vorschriften. Unser Käse war weiß und mager, unser Brot war grün von den Gurken, die es durchsetzten, unser Sauerkraut war sauer.

Als wir am achten Tag die Waage bestiegen, hatten wir beide je 200 Gramm zugenommen, und das mit leeren Taschen. »So etwas kann passieren«, äußerte der Dozent. »Sie müssen etwas strenger mit sich sein.«

In der folgenden Woche aßen wir ausschließlich Kohlrabi, der uns in eigenen Lieferwagen direkt vom Güterbahnhof zugestellt wurde. Und wirklich: Wir hatten nicht zugenommen. Allerdings auch nicht abgenommen. Wir stagnierten. Der Zeiger der kleinen Waage, die wir für zu Hause angeschafft hatten, blieb immer an derselben Stelle stehen. Es war ein wenig enttäuschend.

In einer alten Apotheke in Jaffa entdeckte die beste Ehefrau von allen eine ungenaue Waage, aber dort stand die halbe weibliche Bevölkerung Schlange. Außerdem käme auf der Kontrollstation ja doch die Wahrheit heraus.

Allmählich begann ich zu verzweifeln. Sollten wir für alle Ewigkeit bei unserem jetzigen Gewicht stecken bleiben? Wieso hatte meine Frau nicht abgenommen? Für mich selbst gab es ja eine Art Erklärung für dieses Phänomen: Mir war zu Ohren gekommen, dass ich Nacht für Nacht in die Küche schlich, um mich dort im Untergrund über größere Mengen von Käse und Würstchen herzumachen …

Die Rache des Kohlrabi, zu dem ich in den folgenden Wochen zurückkehrte, ließ nicht lange auf sich warten. In der siebenten Woche unserer Qual, die siebente Woche ist bekanntlich die kritische, fuhr ich mitten in der Nacht aus dem Schlaf hoch. Ich verspürte ein unwiderstehliches Bedürfnis nach dem betörenden Geruch und Geräusch von brutzelndem Fett. Ich musste unbedingt sofort etwas Gebratenes essen, wenn ich nicht verrückt werden wollte. Ich war bereit, für ein paar lumpige Kalorien einen Mord zu begehen. Der bloße Gedanke an die Buchstabenfolge »Baisers mit Cremefüllung« ließ mich erzittern. Fiebervisionen von Kohlehydraten suchten mich heim. Ich glaubte, den Begriff der Kohlehydrate in körperlicher Gestalt zu sehen: ein süßes, anmutiges Mädchen, das in einem weißen Brautkleid und mit wehendem Goldhaar über eine Wiese lief. »Kohlehydrate!«, rief ich hinter ihr her. »Warte auf mich, Kohlehydrate. Ich liebe dich! I love you! Je t'aime! Ja tibja ljubljiu! Bleib bei mir, Kohlehydrate!«

In der nächsten Nacht hatte ich sie tatsächlich eingeholt. Ich glitt aus dem Bett, schlich in die Küche, leerte eine volle Tüte Popcorn in eine Pfanne mit siedendem Öl, streute Unmengen von Zucker darüber und verschlang das Ganze auf einen Schlag. Und das war nur der Beginn des Kalorien-Festivals. Gegen Mitternacht stand ich am Herd, um Birnen zu braten, als plötzlich neben mir die fragile Gestalt der besten Ehefrau von allen auftauchte. Mit geschlossenen Augen näherte sie sich dem Wäschekorb und entnahm ihm etwa ein Dutzend Tafeln Schokolade, die sie sofort auswickelte. Auch mir gab sie davon, und ich zermalmte sie mit wohligem Grunzen.

Mittendrin erwachte mein Abmagerungsinstinkt. Ich kroch zum Telefon und wählte die Nummer der Überwachungszweigstelle.

»Kommen Sie schnell … schnell … sonst essen wir … Schokolade …«

»Wir kommen sofort«, rief am anderen Ende der Dozent. »Wir sind schon unterwegs …«

Bald darauf hielt mit kreischenden Bremsen das Auto der Gewichtsüberwacher vor unserem Haus. Sie brachen die Tür auf und stürmten die Küche, wo wir uns in Haufen von Silberpapier, gebratenen Obstüberbleibseln und flüssiger Creme herumwälzten. Eine halbe Tafel Schokolade konnten sie noch retten. Alles andere hatte den Weg in unsere Mägen gefunden und hatte uns bis zur Unkenntlichkeit aufgebläht.

Der Dozent nahm uns auf die Knie, rechts mich, links die beste Ehefrau von allen. »Macht euch nichts draus, Kinder«, sprach er väterlich. »Ihr seid nicht die Ersten, denen das passiert. Schon viele unserer Mitglieder haben in wenigen Stunden alles Gewicht, das sie in Jahren verloren hatten, wieder zugenommen. Lasset uns von vorne anfangen.«

»Aber keinen Kohlrabi«, flehte ich mit schwacher Stimme. »Ich beschwöre Sie, keinen Kohlrabi.«

»Dann«, so der Dozent, »seien es Karotten.«

Wir haben die Reihen der überwachten Gewichtsabnehmer verlassen. Wir waren völlige Versager … Na und? Gut genährte Menschen haben bekanntlich den besseren Charakter, sie sind freundlich, großzügig und den Freuden des Daseins zugetan, sie haben, kurzum, mehr vom Leben. Was sie nicht haben, ist Kohlrabi und Sauerkraut. Aber das lässt sich verschmerzen.

Eine geschlossene Anstalt

Wir passieren den Bühneneingang und kümmern uns nicht um die zornigen Rufe des Portiers: »He, Sie da! Wohin? Halt!« Nachdem wir eine knarrende Treppe erklommen haben, gelangen wir in einen mäßig erleuchteten Korridor, in dem mehrere erwachsene Menschen auf und ab gehen. Einige von ihnen mögen sogar über eine gewisse Schulbildung verfügen, die man ihnen aber jetzt nicht ansieht. Sie sind fast durchwegs in Lumpen gekleidet und murmeln während des Auf-und-ab-Gehens undeutliche Worte vor sich hin, die jemand anderer vor hundert oder zweihundert Jahren geschrieben hat. In kleinen, vom Korridor durch Türen abgetrennten Zellen, den sogenannten »Garderoben«, sitzen andere Erwachsene und schmieren sich eine unappetitlich fettige Masse ins Gesicht, verlängern oder verbreitern ihre Nasen durch weiches Wachs oder stopfen Kissen in ihre Hosen. Ein halbwegs normal Gekleideter, glatzköpfig und schielend, dringt in eine der Garderoben ein und sagt zu der vor dem Spiegel sitzenden Hermelinträgerin:

»Du musst schneller sterben, mein Kind! Hör endlich auf, dich zu krümmen und die Augen zu rollen! Und das Gesicht drehst du gefälligst zum Schafott, nicht zum Publikum! Verstanden?«

Nachdem er Königin Marie-Antoinette noch rasch einen freundlichen Klaps versetzt hat, stürzt er hinaus und stößt mit einem keuchenden jungen Mann zusammen, der soeben den Korridor entlangsaust und dessen Stimme sich im Diskant überschlägt: »Dritter Aufruf! Alles auf die Bühne! Dritter Aufruf! Haben Sie nicht gehört?«

»Mich kannst du am Arsch lecken, Schlesinger«, antwortet König Ludwig XVI. und schlürft ruhig seinen Kamillentee weiter. Mit dem letzten Schluck gurgelt er, grr, grr, grr ...

Kein Zweifel, wir befinden uns in einem Irrenhaus. Und hier sind auch die Wärter verrückt. Hinter dem entgegengesetzten Eingang ist ein Verschlag angebracht, in dem eine ausgemergelte Frauenperson sitzt und jedem, der an das kleine Fenster tritt, mit flackernden Augen und gepeinigter Stimme versichert: »Jawohl, in der Mitte. Ein sehr guter Platz. In der Mitte, in der Mitte, in der Mitte.« Ein hagerer, nervös um sich blickender Mensch steht in der Vorhalle, winkt einen noch nervöseren Menschen zu sich und flüstert ihm zu:

»Miserabler Besuch. Eine Katastrophe. Der Balkon ist halb leer. Man muss etwas unternehmen. Rufen Sie in der Kaserne an, sie sollen einen Zug Rekruten herschicken ...« Hoch über der Bühne hantiert ein unrasierter Arbeiter am Schaltbrett, ohne den Blick von der Sportzeitung zu wenden, die er in der linken Hand hält.

In der Kulisse, schräg seitlich vom Schafott, wartet ein hoher kirchlicher Würdenträger, vielleicht ein Kardinal, weißhaarig, gebückt von der Last seiner

Jahre und seines Amtes. Mit leiser Stimme spricht er auf den neben ihm stehenden Priester ein.

»Borg mir zwanzig Pfund, Jossele, ich brauch sie dringend. Morgen bekomm ich Vorschuss und geb sie dir sofort zurück.«

»Wenn ich zwanzig Pfund hätte«, lautet die priesterliche Antwort, »würde ich nicht mit dir reden. Lass mich in Ruh.«

Jetzt wird es Zeit, etwas Konkretes zu unternehmen. Respektvoll nähere ich mich dem Kardinal. »Herr Jarden Podmanitzki?«

»Jawohl, mein Freund.« Mich befällt ein unwiderstehlicher Drang, ihm etwas Nettes zu sagen. Aber in welchem Stück habe ich ihn gesehen? »Sie waren großartig in Ihrer letzten Rolle, Herr Podmanitzki. Ich musste weinen wie ein kleines Kind. Alle Umsitzenden haben zu mir herübergeschaut.«

»So? Dann haben die anderen also *nicht* geweint.«

»Doch, doch. Und wie. Den ganzen zweiten Akt hindurch.«

»Im zweiten Akt trete ich nicht auf.«

»Vielleicht war das der Grund, warum sie geweint haben.« Der Kardinal ist wütend. Am Ende wird er mich jetzt noch fragen, ob ich vielleicht an jene Szene denke, in der die letzten seiner Gefolgsleute ihm ewige Treue geloben, auch für den Fall, dass es ihm nicht gelingt, die Nonne zu retten, die seinetwegen … Ich muss rasch weg von hier, diesem Irrenhaus entrinnen, bevor ich selbst zum Patienten werde. Denn die hier grassierende Krankheit ist ansteckend.

Koexistenz mit Ameisen

Ebenerdige Wohnungen haben einen Vorteil und einen Nachteil. Der Vorteil: dass man keine Treppen steigen muss. Der Nachteil: dass auch die Ameisen keine Treppen steigen müssen.

Jeden Morgen überschreitet eine Armee von Ameisen unsere Schwelle, kriecht die Küchenwand hinauf, bis sie den Brotkorb erreicht hat, und verteilt sich über die Abwaschbecken. Von diesen Ausgangspositionen beginnt ein nimmermüdes Kommen und Gehen, das den ganzen Tag lang anhält, zweifellos nach einem wohldurchdachten System, von dem wir aber nichts weiter zu sehen bekommen als die Ameisen. Und dieses Jahr ist ein besonders ameisenreicher Sommer.

»Nur ein paar von ihnen zu erschlagen, hilft nichts«, entschied die beste Ehefrau von allen. »Man muss das Nest aufspüren.«

Wir verfolgten die Prozession in entgegengesetzter Richtung. Sie führte in den Garten, verschwand kurzfristig unterm Gesträuch, kam wieder an die Oberfläche und verlief im Zickzack nach Norden. An der Stadtgrenze hielten wir inne. »Sie kommen von auswärts.« Schwer atmend wandte meine Frau sich um. »Aber wie haben sie den Weg in unser Haus gefunden?«

Solche Fragen kann natürlich nur die Ameisenkönigin beantworten. Die arbeitenden Massen vertrauen ihren Gewerkschaftsführern, erfüllen ihr Arbeitspensum und schleppen ab, was abzuschleppen ist.

Nach einigen Tagen sorgfältiger Beobachtung kaufte meine Frau ein bestens empfohlenes Ameisenpulver und bestreute das Aufmarschterrain von der Hausschwelle bis zur Küche und weiter hinauf mit dem tödlichen Gift. Am nächsten Morgen kamen die Ameisen nur langsam vorwärts, weil sie die vielen kleinen Pulverhügel übersteigen mussten. Eine andere Wirkung zeigte sich nicht. Als Nächstes setzten wir eine Insektenspritze ein. Die Vorhut fiel, die Hauptstreitkräfte marschierten weiter. »Sie sind sehr widerstandsfähig, das muss man ihnen lassen«, stellte meine psychologisch geschulte Gattin fest und wusch die ganze Küche mit Karbol.

Zwei Tage lang blieben die Ameisen weg. Wir auch.

Nach Abschluss der kurzen Feier erschienen die Ameisenregimenter in voller Stärke und legten noch größeren Eifer an den Tag als zuvor. Unter anderem entdeckten sie den Tiegel mit Hustensirup. Sie haben nie wieder gehustet. Die beste Ehefrau von allen distanzierte sich von ihren anfangs verkündeten Grundsätzen und begann, die Ameisen einzeln zu töten, Tausende an jedem Morgen. Dann ließ sie es sein.

»Es kommen immer neue«, seufzte sie. »Eine unerschöpfliche Masse. Wie die Chinesen.« Irgendjemand gab ihr einen Tipp: Angeblich können Ameisen den Geruch von Gurken nicht vertragen. Am nächsten Tag war unsere Küche mit Gurken gepflastert, aber die Ameisen hatten die Neuigkeit offenbar nicht gehört und nahmen ihren Weg nach kurzem Schnuppern zwischen den Gurken hindurch. Einige kicherten sogar. Wir riefen das Gesundheitsamt an und baten um Rat.

»Was tut man, um Ameisen jemals wieder loszuwerden?«

»Das möchte ich selbst gerne wissen«, antwortete der Beamte. »Ich habe die Küche voller Ameisen.«

Nach ein paar weiteren, kläglich gescheiterten Abwehrversuchen entschlossen wir uns, den ungleichen Kampf aufzugeben. Während wir frühstücken, zieht die Ameisenprozession an uns vorüber und nimmt die gewohnten Stellungen ein, ohne uns weiter zu stören. Wir brauchen uns nicht darum zu kümmern, ob alles in Ordnung ist. Es ist alles in Ordnung. Die Ameisen gehören zum Haus. Sie kennen uns bereits und behandeln uns mit reservierter Höflichkeit, wie es unter Gegnern, die gelernt haben, einander zu respektieren, zur Tradition gehört. Es ist ein nachahmenswertes Beispiel friedlicher Koexistenz.

Warum ich Fußballfan bin

Was auch immer man über mich sagen will, für meine Einstellung zum Sport gilt nur eines: Der Kerl ist total verrückt. Ich bin es tatsächlich und auch noch stolz darauf. Schon Wochen vor Beginn eines wichtigen Fußballspiels stehe ich am Kassenschalter.

»Hören Sie, Mann, ich brauche den besten Platz im Stadion, egal, was er kostet.« Diesmal aber, beim Länderspiel gegen Brasilien, wollte ich auf Nummer absolut sicher gehen. Ich erwarb daher schon Monate vor dem Match einen fabelhaften Tribünenplatz für die lächerliche Kleinigkeit von 7000 Pfund. Ich bat zwar dringend um einen noch teureren Platz, aber der Mann am Schalter schüttelte bedauernd den Kopf. Für alle Fälle gab ich ihm 1000 Pfund drauf.

Man stelle sich also meine Betroffenheit vor, als ich mich am großen Tag durch Tor Nummer 4 zwängte, zu Block 20 stürmte, in der 8. Reihe vor dem Sitz Nummer 35 bremste – und dort, auf meinem 8000-Pfund Sitz, einen blaunasigen Gewalttäter vorfand. »Hören Sie«, sagte ich, »das ist mein Platz.«

»Na und«, antwortete der Gewalttäter unwirsch, »auf meinem Platz sitzt auch schon einer.«

»Dann schicken Sie ihn weg.«

»Wofür halten Sie mich?«

»Hinsetzen!«, brüllten achtzigtausend Fußballfans. »Hinsetzen!«

Ich sondierte das Terrain. An dem Zaun, der die Besitzer von den Besitzlosen trennt, hingen jugendliche Athleten wie die Trauben. Ich sah mich hilfesuchend nach den Platzanweisern um, doch die waren auf dem Spielfeld und belagerten den brasilianischen Mittelstürmer. Es blieb mir also nichts übrig, als das Gesetz in die eigenen Hände zu nehmen. Ich musterte den Gewalttäter. Groß war er nicht, doch er hatte einen Durchmesser von mindestens eineinhalb Metern. Außerdem war er, wie gesagt, blaunasig.

»Da«, sagte er mitfühlend, »nehmen Sie meine Eintrittskarte und vertreiben Sie den Halunken, der auf meinem Platz sitzt.« Ich ging schnurstracks zu Block 9, 21. Reihe, Sitz 2 und wurde mit einem stämmigen Schlachtermeister konfrontiert. Ich hielt ihm das Ticket des Gewalttäters unter die Nase und machte ihn darauf aufmerksam, dass er auf meinem Platz säße.

»So?«, meinte der Schlachter unbekümmert. »Und was, glauben Sie, ist aus meinem Platz geworden?«

»Hinsetzen!«, brüllte die Menge. »Hinsetzen!«

Mehr und mehr Jugendliche hatten sich inzwischen am Zaun breitgemacht. Hinten, am entfernten Horizont, der eben von der untergehenden Sonne geküsst wurde, kämpfte ein einsamer Platzanweiser einen aussichtslosen Kampf gegen Schwärme von Platzpiraten. Ich drehte mich wieder zu meinem Schlachtermeister um, doch der war inzwischen um keinen Millimeter geschrumpft. Ich bat ihn höflich um sein Ticket und begab mich, unzählige Pardons murmelnd, auf den Hürdenlauf über zahllose ausgestreckte Beine zu Block 13. Eine Schwadron von Polizisten hatte inzwischen das Stadion gestürmt.

Die Platzanweiser, die ihnen die Sicht versperrten, wurden verjagt, aber sie gaben keineswegs kampflos auf. Am Ende der Auseinandersetzung wurden zwei Polizisten verhaftet und erst nach dem Spiel gegen Kaution auf freien Fuß gesetzt.

In Block 13 auf dem Platz des Fleischhauers saß ein Mittelgewichtsboxer. Dieser hatte ein Ticket für Block 1, 89. Reihe. Ich humpelte hin. Aufgewiegelte Völkerscharen brüllten mich an: »Hinsetzen!«, aber ich kämpfte wie ein Löwe um meinen Platz an der Sonne.

Unten galoppierte inzwischen berittene Polizei ums Spielfeld. Es war beruhigend zu sehen, dass zumindest auf dem Rasen die Ordnung aufrechterhalten wurde. Unterwegs zu Block 1 fiel mein Blick auf einen besonders schmächtigen Zuschauer. Das brachte mich auf eine Idee. Ich packte den Schmächtigen beim Kragen und jagte ihn mit einem großzügigen Freistoß davon. Danach ließ ich mich dankbar auf seinen Platz fallen. Rücksichtsvoll schenkte ich ihm die Platzkarte des Boxers, um auch ihm eine faire Chance zu geben. Meine Nachbarn brüllten, der Schmächtige solle sich hinsetzen. Es stand übrigens 3:1 für Brasilien.

Die verbleibenden zwei Minuten bis zum Abpfiff des Spiels waren ein unvergessliches Erlebnis.

Kleine Geschenke erhalten Vater und Sohn

Amir, mein zweitgeborener und, wie man weiß, rothaariger Sohn, hatte ziemlich mühelos das Alter von dreizehn Jahren und damit nach jüdischem Gesetz seine offizielle Mannbarkeit erreicht. Dies äußerte sich unter anderem darin, dass er – am ersten Sabbat nach seinem Geburtstag – in der Synagoge zur Verlesung des fälligen Thoraabschnitts an die Bundeslade gerufen wurde. Es äußerte sich ferner in einer abendlichen Feier, die wir nach Elternsitte für ihn veranstalteten und zu der wir zahlreiche Freunde sowie, vor allem, wohlhabende Bekannte einluden.

Kurz vor Beginn des Empfangs machte ich meinem zum Manne gewordenen Sohn die Bedeutung des Anlasses klar. »Generationen deiner Vorfahren, mein Junge, blicken heute stolz auf dich nieder. Du übernimmst mit dem heutigen Tag die Verantwortung eines volljährigen Bürgers dieses Landes, das nach zweitausend Jahren endlich wieder …«

»Apropos zweitausend«, unterbrach mich mein verantwortungsbewusster Nachfahre. »Glaubst du, dass wir so viel zusammenbekommen?«

»Wer spricht von Geld?«, wies ich ihn zurecht. »Wer spricht von Schecks und von Geschenken? Was zählt, ist das Ereignis als solches, ist sein spiritueller Gehalt, ist …« »Ich werde ein Bankkonto auf meinen

Namen eröffnen«, vollendete Amir laut und deutlich seinen Gedankengang.

Dennoch war er ein wenig unsicher, als die ersten Gäste erschienen. Er wusste nicht recht, wo sein Platz war, er begann zu schwitzen und fragte mich immer wieder, was er sagen sollte.

Geduldig brachte ich es ihm bei. »Sag: Ich freue mich, dass Sie gekommen sind.«

»Und wenn man mir das Geschenk überreicht?«

»Dann sag: Danke vielmals, das war aber wirklich nicht notwendig.« Derart gerüstet, bezog Amir Posten neben der Tür. Schon von Weitem rief er jedem Neuankömmling entgegen: »Danke, das war nicht notwendig« und hielt die Hand auf. Als er den ersten Scheck über 50 Pfund bekam, musste ich ihn zurückhalten, sonst hätte er seinem Wohltäter die Hand geküsst. Über die erste Füllfeder geriet er beinahe in Ekstase, und beim Anblick eines Expanders brach er in Freudentränen aus. »Ein empfindsames Kind«, bemerkte seine Mutter. »Und so begeisterungsfähig!«

Die Sammelstelle für Geschenke wurde im Zimmer meiner jüngsten Tochter Renana eingerichtet, und mein ältester Sohn Raphael übernahm es, die Beute zu ordnen. Die festliche Atmosphäre trübte sich ein wenig, als ein zur Prunksucht neigender Geschäftsmann mit einem Scheck in der exhibitionistischen Höhe von 250 Pfund eintraf. Neben solcher Großzügigkeit verblassten sämtliche Kompasse und Enzyklopädien. Immer nachlässiger murmelte von da an der junge Vollbürger sein »danke … nicht notwendig ...«, und bald darauf beklagte er sich bei mir über zwei soeben eingetroffene Gäste, von denen er nichts weiter bekommen hatte als einen Händedruck, was wirklich nicht notwendig war. Ich behielt die beiden Geizkragen scharf im Auge und sah mit hilfloser Empörung, wie sie sich am Buffet gütlich taten.

»Nur Geduld«, tröstete ich meinen wütenden Sohn. »Die kriegen wir noch. Geh auf deinen Kontrollposten.« Im Allgemeinen durfte man jedoch mit den Geschenken zufrieden sein, obwohl sie von wenig Fantasie zeugten und zahlreiche Duplikate aufwiesen. Es wimmelte von Feldflaschen, Ferngläsern, Kompassen und Füllfedern, und die Expander vermehrten sich wie die Kaninchen. Wer hätte gedacht, dass diese Instrumente so billig sind.

Wir empfanden es geradezu als Erlösung, als die Seligs mit dem Minimodell eines zusammenlegbaren Plastikboots ankamen. Amir vergaß sich und sagte statt des üblichen »Danke, nicht notwendig« mit anerkennendem Kopfnicken: »Nicht schlecht.« Ich selbst schlüpfte von Zeit zu Zeit aus meiner Rolle als freundlicher Gastgeber, um Inventur zu machen. Die Bücher hatten sich mittlerweile zu Türmen hochgeschichtet: preiswerte Ausgaben der Bibel, Reisebeschreibungen und ein Bändchen mit dem zunächst rätselhaften Titel »Hinter dem Feigenblatt«, das sich als Anleitung zum Geschlechtsverkehr für Minderjährige entpuppte. Und irgendein Idiot hatte meinem Sohn ein »Lexikon des Humors« geschenkt, in dem der Name seines Vaters nicht erwähnt war. Ich gab Auftrag, dem Kerl keine Getränke anzubieten. In einer Kampfpause versuchte ich mich an dem Expander und stellte befriedigt fest, dass ich ihn über zwei Stufen spannen konnte. Außerdem beschlagnahmte ich eine Füllfeder. Es waren sowieso schon zu viele. Amir sollte sich nach der Feier eine aussuchen, meinetwegen sogar zwei, und den Rest würden wir umfunktionieren.

Im Übrigen veränderte sich der Charakter meines rothaarigen Sohnes gewissermaßen unter meinen Augen. Er hatte längst aufgehört, die ankommenden Gäste zu begrüßen. Die stumme Gebärde, mit der er ihnen entgegensah, bedeutete unverkennbar: »Wo ist das Geschenk?«, und die Stimme, mit der er sich bedankte, klang je nach den gegebenen Umständen von herzlich bis kühl. Auch sonst benahm er sich wie ein Erwachsener.

Bei meinem nächsten Besuch im Lagerraum stieß ich auf zwei Flakons Toilettenwasser, für die der Junge keine Verwendung hatte. Die Leute könnten wirklich ein wenig nachdenken, bevor sie Geschenke machen. Auch einen goldenen Kugelschreiber und eine Mundharmonika nahm ich an mich.

Dann wurde ich in meinen Ordnungsbemühungen gestört. »Um Himmels willen«, zischte die beste Ehefrau von allen. »Kümmere dich doch um unsere Gäste!«

Ich stellte mich neben Amir, der den jetzt schon etwas spärlicher eintreffenden Gästen mit dem lüsternen Blick eines Wegelagerers entgegensah und sie erstaunlich richtig einzuschätzen wusste.

»Höchstens achtzig«, flüsterte er mir zu oder verächtlich: »Taschenmesser.« Gegen zehn Uhr vertrieb er alle Familienmitglieder aus dem Abstellmagazin und versperrte die Tür. »Hinaus!«, rief er. »Das gehört mir!«

Als er auf Seligs Plastikboot ein Preisschildchen mit der Aufschrift »Pfund 7,25« entdeckte, machte er den Spender in der Menge ausfindig und spuckte ihm zielsicher zwischen die Augen.

Rätselhaft blieb uns allen ein Radio mit Unterwasser-Kopfhörern. Von wem stammte es? Wir gingen rasch das von meiner Tochter Renana angelegte Namensverzeichnis der Anwesenden durch. Es kamen nur zwei infrage, die auf der Geschenkliste nicht erschienen: unser Zahnarzt und ein Unbekannter mit knallroter Krawatte. Aber welcher von beiden war es? Die Ungewissheit wurde umso quälender, als wir uns bei dem einen bedanken und den anderen maßregeln mussten. Da bewährte sich wieder Amirs Instinkt. Er machte sich an den Zahnarzt heran und trat ihm ans Schienbein. Der Zahnarzt nahm das widerstandslos hin. Kein Zweifel, die edle Spende stammte vom Krawattenträger.

Heftigen Unwillen rief bei uns allen das Geschenk eines Frankfurter Juden namens Jakob Sinsheimer hervor, das aus einem Holzschnitt seiner Geburtsstadt bestand. Was uns erbitterte, war nicht die Wertlosigkeit des Blattes, sondern die auf der Rückseite angebrachte Widmung: »Meinem lieben Kobi zur Bar-Mizwa von seinem Onkel Samuel.« Wir gossen ein wenig Himbeersaft über Herrn Sinsheimers Anzug und entschuldigten uns. Inzwischen begrüßte Amir die letzten Gäste. »He!«, rief er. »Wie viel?«

Er hatte sich zu einem richtigen Monstrum ausgewachsen, seine blutunterlaufenen Augen lagen in den Höhlen, seine Krallenhände zitterten vor Gier, sein ganzer Anblick war so abscheulich, dass ich mich abwandte und in den Lagerraum flüchtete, wo ich die beste Ehefrau von allen in flagranti erwischte, wie sie sich mit Golda Meirs Lebenserinnerungen aus dem Staub machte.

Allein geblieben, befeuchtete ich Daumen und Zeigefinger und begann die Schecks zu zählen. Guter Gott, welch eine Verschwendung! So viel Geld in einem so armen Land wie dem unsern! Der Gedanke, dass mein missratener Sohn über all diese Summen verfügen könnte, hatte etwas höchst Beunruhigendes. Ich ließ ihm ein paar niedrige Schecks und nahm die anderen an meine väterliche Brust.

Nein, ich hatte kein schlechtes Gewissen. Es war nur recht und billig, was ich tat. Hatte ich nicht in seine Erziehung eine Menge Geld investiert? Und wer hatte für diesen kostspieligen Festempfang gezahlt? Na also. Er soll arbeiten gehen und Geld verdienen. Schließlich ist er heute zum Mann geworden.

Der Kampf mit dem Installateur

Eines friedlichen Vormittags wurde der Wasserhahn in unserer Küche undicht und begann zu tropfen. Ich eilte sofort zu Stucks, dem einzigen Installateur in der Gegend, um ihn an das Krankenlager unseres Hahns zu bitten. Es war jedoch nur Frau Stucks zu Hause, die mir versprach, dass Stucks zu Mittag kommen würde. Als Stucks auch am frühen Nachmittag nicht gekommen war, ging ich wieder zu ihm. Zu Hause war nur Frau Stucks. Sie sagte mir, sie hätte Herrn Stucks gesagt, dass er zu uns kommen solle, aber Herr Stucks hätte nicht zu uns kommen können, weil er zu jemandem andern gehen musste. Er würde jedoch am frühen Abend kommen.

Stucks kam am frühen Abend nicht und nicht am späten, und als ich zu ihm kam, war niemand zu Hause. Von den Nachbarn erfuhr ich, dass das Ehepaar Stucks ins Kino gegangen sei. Ich steckte einen Zettel ins Schlüsselloch: Herr Stucks möchte bitte am nächsten Morgen zu uns kommen, weil unser Wasserhahn einer Reparatur bedürfe. Als ich am Morgen aufwachte und Stucks noch nicht da war, ging ich zu ihm. Ich erwischte ihn beim Verlassen seiner Wohnung. Er behauptete, dass er sich gerade auf den Weg zu mir machen wollte, aber da er mich jetzt sowieso getroffen hätte, wäre ich vielleicht damit einverstanden, dass er erst mittags zu mir käme, weil er vorher noch zu jemandem andern gehen müsse. Er würde um eins kommen, sagte er. Ich fragte ihn, ob er nicht um halb zwei kommen könnte, da ich um eins noch auswärts zu tun hätte. Nein, antwortete er, leider, seine Zeit sei zu knapp, entweder um eins oder gar nicht. Ich wartete bis drei, und als er nicht kam, ging ich zu ihm. Er war nicht zu Hause. Seine Frau versprach mir, nach seiner Rückkehr dafür zu sorgen, dass er am nächsten Morgen oder spätestens gegen Mittag kommen würde.

Stucks kam weder am nächsten Morgen noch gegen Mittag. Als ich zu ihm kam, saß er beim Mittagessen und sagte, er hätte nicht kommen können, weil er so viel zu tun hatte, aber jetzt sei es endlich so weit, er würde nur noch rasch etwas essen und käme in einer Stunde.

Ich wartete bis zum Abend. Stucks kam nicht. Deshalb ging ich zu Stucks. Diesmal war niemand zu Hause. Ich setzte mich auf die Türschwelle, um zu warten. Gegen Mitternacht erschienen Herr und Frau Stucks. Ich fragte ihn, warum er mich bis in die Abendstunden vergebens hatte warten lassen. Weil er bis jetzt beschäftigt gewesen sei, sagte Stucks. Aber ich sollte mir, sagte Stucks, keine Sorgen machen, er käme ganz bestimmt morgen früh um halb sieben. Ich fragte ihn, ob er nicht um sieben kommen könnte. Nein, sagte er, völlig ausgeschlossen, halb sieben oder gar nicht. Schließlich einigten wir uns auf 6.45 Uhr.

Um zehn war er noch immer nicht da. Was tun? Ich ging zu ihm. Seine Frau – er selbst war nicht zu Hause – versprach mir, für mich ein gutes Wort einzulegen. Als ich fortging, lief sie mir nach und erkundigte sich, wer ich sei und was ich wolle. Ich informierte sie, dass unser Wasserhahn in der Küche ständig tropfe, und fragte, ob Herr Stucks nicht endlich kommen könnte, um ihn zu reparieren. Wenn Herr Stucks versprochen hätte, zu kommen, sagte Frau Stucks, dann käme er ganz bestimmt.

Da er bis zum Mittag nicht kam, suchte ich ihn auf. Er saß gerade beim Mittagessen und versicherte, er käme, sobald er fertig wäre. »Wissen Sie was?«, sagte ich. »Ich warte hier auf Sie.«

Stucks beendete in aller Ruhe seine Mahlzeit, stand auf, gähnte und streckte sich. Es täte ihm leid, sagte er, aber er sei gewohnt, nach dem Essen ein wenig zu schlafen. Damit verschwand er im Nebenzimmer. Ich blieb sitzen.

Um sieben Uhr abends vertraute mir Frau Stucks an, dass ihr Gatte längst das Haus verlassen habe, durch die Hintertür. Aber wenn er zurückkäme, würde sie ihm sagen, ich hätte auf ihn gewartet. Allmählich wurde mir bewusst, dass dieses ewige Hin und Her zwischen meinem und seinem Haus zwecklos war. Ich beschloss, bei Stucks sitzen zu bleiben. Um neun Uhr abends kam er und bedauerte, wegen der Hitze völlig vergessen zu haben, dass es mich überhaupt gab. »Was wünschen Sie von mir?«, fragte er.

»Herr Stucks«, sagte ich, »wenn Sie nicht zu uns kommen wollen, dann sagen Sie's doch. Ich kann meinen tropfenden Wasserhahn ja auch von einem anderen Installateur reparieren lassen.«

Stucks war betroffen. »Aber warum sollte ich nicht

kommen?«, sagte Stucks. »Das ist ja mein Geschäft. Davon lebe ich.« Und er gab mir sein Ehrenwort, dass er morgen um sieben Uhr zur Stelle sein würde.

Mein Instinkt trieb mich bereits um sechs zu seinem Haus. Ich fing ihn gerade noch ab, als er es verließ. Er sei zu einer Reserveübung seiner Truppeneinheit einberufen worden, sagte er.

»Ich gehe mit Ihnen«, sagte ich. Auf dem Übungsplatz ließ ich ihn nicht aus den Augen. Wir übten zusammen, entschärften einige Minen und entfernten uns gemeinsam. »Gehen Sie ruhig nach Hause«, sagte er. »Ich ziehe nur rasch meine Zivilkleider an und komme Ihnen nach.« Als er mir nach fünf Stunden noch nicht nachgekommen war, ging ich zu ihm, fand ihn jedoch nicht vor. Seine Frau versprach mir, ihm von meinem Besuch zu erzählen. Am nächsten Morgen kaufte ich einen Revolver, ging zu Stucks und wartete. Zu Mittag kam er nach Hause, nahm die übliche Mahlzeit ein und machte sich zum üblichen Nickerchen bereit. Ich fragte ihn, ob er etwas dagegen hätte, wenn ich seinen linken Arm mit einer Handschelle an meinen rechten fesselte. Nein, sagte er, er habe nichts dagegen. Wir schliefen etwa eine Stunde und machten uns dann auf den Weg zu meinem Haus. Plötzlich befreite sich Stucks und rannte davon. Ich schickte ihm eine Salve nach. Er erwiderte das Feuer. Als ihm die Munition ausging, kam er mit erhobenen Händen auf mich zu, begleitete mich ohne weiteren Widerstand und reparierte den Wasserhahn.

Gestern begann der Hahn wieder zu tropfen.

Unterwegs mit der Familie

Es gibt nichts Abwechslungsreicheres als Autofahrten im Kreis der Familie. Kaum bin ich zehn Meter gefahren, stößt die beste Ehefrau von allen ihren ersten schrillen Schrei aus: »Rot! *Rot!*« Oder: »Ein Radfahrer! *Gib auf den Radfahrer acht!*«

Diese Begleittexte kommen immer paarweise: der erste mit einem Ausrufezeichen, der zweite im Kursivdruck. Früher versuchte ich meiner Gattin beizubringen, dass ich seit meiner Kindheit einen Führerschein besitze und noch kein einziges Mal gegen die Verkehrsordnung verstoßen habe, dass ich ebenso viele Augen habe wie sie, vielleicht sogar mehr, und dass ich sehr gut ohne ihre Ausrufezeichen auskommen kann. Seit einigen Jahren habe ich es aufgegeben. Es hilft nichts. Genauso gut könnte man den Arabern zureden, sich mit der Existenz Israels abzufinden. Sie hört mir einfach nicht zu. Sie selbst hat schon elf Verkehrsstrafen bekommen, aber an denen bin ich schuld. Es kommt vor, dass wir durch eine völlig menschenleere Straße fahren – und plötzlich dringt ihr Schreckensruf an mein Ohr: »Ephraim! *Ephraim!*«

Ich reiße das Steuer herum, gerate auf den Gehsteig, stoße zwei Koloniakübel um und krache in den Rollbalken einer Wäscherei. Dann stelle ich die Reste des Motors ab und blicke um mich. Weit und breit ist nichts und niemand zu sehen. Die Straße ist so verlassen wie der unwirtlichste Teil der Negevwüste.

»Warum hast du geschrien?«, erkundige ich mich und füge im Kursivdruck hinzu: *»Warum hast du geschrien?«*

»Weil du unkonzentriert gefahren bist. Überhaupt – wie du fährst! *Wie du fährst!«* Und sie schnallt demonstrativ ihren Sicherheitsgurt enger.

Die Kinder nehmen natürlich Partei für Mami. Das erste Tier, das meine kleine Tochter Renana erkennen lernte, war ein Zebrastreifen. *Ein Zebrastreifen!* Auch ihr Großvater stellt oft und gerne fest, dass ich wie ein Verrückter fahre. *Wie ein Verrückter!* Neulich nahm er mich zur Seite, um von Mann zu Mann ein paar mahnende Worte an mich zu richten.

»Du hast schon Sorgen genug, mein Junge. Du bist ein schöpferischer Mensch. Du denkst beim Fahren an alles Mögliche. Warum überlässt du es nicht meiner Tochter?« Auch die Kinder haben es schon gelernt. »Papi«, tönt es von den Hintersitzen, »du bist nicht konzentriert. Lass doch Mami ... *lass doch Mami ...«* Diese entwürdigenden Sticheleien setzen sich zu Hause fort: »Es ist nur Papi«, ruft mein rothaariger Sohn Amir in die Küche. »Nichts ist passiert.«

Warum soll etwas passiert sein? Und warum »nur« Papi? Und ihre Mutter unterstützt sie noch. »Ich würde lachen, wenn dich jetzt ein Verkehrspolizist erwischt! *Ich würde lachen!«* Oder: »Das kostet dich den Führerschein! *Das kostet dich den Führerschein!«*

Nach eigener Aussage kann sie sich nur entspannen, wenn sie selbst fährt. Manchmal entwindet sie mir das Lenkrad mit Gewalt und unter lautem Beifall der restlichen Familie. Bisher ist sie zweimal mit je einem Fernlaster zusammengestoßen, einmal mit einem Klavier, hat mehrere Parkuhren umgelegt und ungezählte Katzen überfahren. »Weil deine wilde Fahrerei mich ansteckt«, erklärt sie.

Neuerdings beteiligt sich sogar unsere Hündin Franzi an der Verschwörung gegen mich. In jeder Kurve steckt sie den Kopf zum Fenster hinaus und bellt laut und scharf: »Wau! *Wau!«* Zweimal. Das zweite Mal im Kursivdruck. Sie will, so dolmetscht sie, zum Ausdruck bringen, dass ich das Lenkrad mit beiden Händen halten soll. Wie jeder andere. *Wie jeder andere!*

Es gibt auch rückwirkende Kritik. Zum Beispiel passiere ich glatt und anstandslos zwei Fußgänger und werde nach ein paar Metern vorwurfsvoll gefragt: »Hast du sie gehen? *Hast du sie gesehen?«*

Natürlich habe ich sie gesehen. *Natürlich habe ich sie gesehen.* Sonst hätte ich sie ja niedergefahren oder wenigstens gestreift, nicht wahr?

»Was machst du denn, um Gottes willen!«, lautet der nächste Mahnruf. *»Was machst du?«*

»45 Kilometer in der Stunde.«

»Du wirst doch noch einmal im Krankenhaus enden. Oder im Gefängnis. *Oder im Gefängnis!«*

Sie selbst fährt durchschnittlich 120 Stundenkilometer, was ungefähr der Schnelligkeitsrate ihrer

Kommentare entspricht. Unlängst riss sie den Wagen an sich, sauste zum Supermarkt und wurde unterwegs von einer Verkehrsampel angefahren. Sie kroch unter den Trümmern hervor, blass, aber ungebrochen, und seit diesem Ereignis folgt mir ihr vorwurfsvoller Blick auf Schritt und Tritt.

»Stell dir vor, du armer Kerl«, will dieser Blick bedeuten, »stell dir vor, was für ein Unglück es gegeben hätte, wenn *du* gefahren wärst.«

Ich bin nach längerem Nachdenken zu dem Entschluss gekommen, mir die bewährte »Do-it-yourself«-Methode anzueignen, und tatsächlich geht es jetzt viel besser. Um meiner Familie jede Aufregung zu ersparen, warne ich selbst: »Nach 50 Metern kommt ein Stoppzeichen«, verlautbare ich bei einer Stundengeschwindigkeit von 30 Kilometern. *»Ein Stoppzeichen nach 50 Metern!«* Oder: »Nicht bei Gelb, Ephraim! *Nicht bei Gelb!«* Und wenn ich eine harmlose Kurve genommen habe: »Wie ich fahre! *Wie ich fahre!«*

Auf diese Weise herrscht in meinem Wagen nun doch eine Art von Frieden. Die beste Ehefrau von allen sitzt mit zusammengepressten Lippen neben mir, die Kinder verachten mich stumm, der Hund bellt zweimal, und ich fahre langsam, aber sicher aus der Haut.

Alarm

Um eins in der Nacht wachte ich auf, weil draußen ein verwundeter Löwe brüllte. Das Brüllen hielt an, immer in derselben furchterregenden Tonstärke. Es kam aus der Wäscherei im Parterre unseres Hauses. Ich weckte die beste Ehefrau von allen.

»Hörst du das?«, schrie ich ihr ins Ohr. »Alarm«, murmelte sie, ohne die Augen zu öffnen. »Sie rauben die Wäscherei aus.« Diese Erklärung leuchtete mir ein. Ich vergrub meinen Kopf in den Kissen und versuchte weiterzuschlafen, fand aber keine Ruhe bei dem Gedanken, dass sich in der Wäscherei möglicherweise auch unsere eigene Wäsche befände, und wer weiß, was ihr zustoßen würde.

»Weib«, rief ich aufs Neue, »was sollen wir tun?«

»Im Badezimmer liegt Oropax. Hol auch welches für mich.«

Ich trat ans Fenster. Vor der Wäscherei stand ein weißer Kombiwagen mit aufgeblendeten Scheinwerfern. Die Alarmanlage heulte wie verrückt. Ich schloss das Fenster und sah, dass auch andere Fenster im Häuserblock geschlossen wurden. Der Lärm war unerträglich.

Kaum hatten wir unsere Ohren verstopft, ging das Telefon. »Entschuldigen Sie«, sagte eine heiser gedämpfte Stimme. »Ich habe Sie soeben am Fenster gesehen. Es ist die Wäscherei, nicht wahr?«

»Ja. Ein Einbruch.«

»Schon wieder?« In den vergangenen Monaten war nämlich schon viermal in der Wäscherei eingebrochen worden. Einmal hatten sie die Eisentür mit großen Hämmern zertrümmert. Dieser primitive Vorgang nahm anderthalb Stunden in Anspruch und machte solchen Lärm, dass die Bewohner der umliegenden Häuser beinahe taub wurden. Dann räumten die Einbrecher den ganzen Laden aus, bis zum letzten Paar schmutziger Socken. Am nächsten Tag ließ der Besitzer der Wäscherei, der alte Herr Wertheimer, einen Spezial-Stahlrollbalken anbringen, den die nächsten Einbrecher mühsam durchsägen mussten. Das dauerte mehrere Stunden und war eine fürchterliche Qual für die Nerven aller, die es hören mussten. Man fragte sich, wie die Einbrecher dieses entsetzliche Geräusch überhaupt ertragen konnten, aber sie ertrugen es. Daraufhin bestellte der alte Wertheimer ein elektronisches Alarmsystem modernster Machart, mit infraroten Fotozellen und einem hochempfindlichen Fangnetz, das bei der leisesten Berührung die Alarmglocke in Betrieb setzte. »Warum stellen sie das verdammte Zeug nicht ab, wenn sie schon einmal drin sind?«, fragte mein heiserer Anrufer. »Sie müssten ja nur die Drähte durchschneiden. Ich werde mich beim Bürgermeister beschweren. Ich bin Steuerzahler und brauche meinen Schlaf.«

»Gehen Sie in die Apotheke«, empfahl ich ihm, »und kaufen Sie sich diese Wachsdinger für die Ohren.«

»Hab ich schon. Sie helfen nicht.«

»Dann weiß ich keinen Rat. Wer spricht denn eigentlich?«

Mein Partner legte auf, ohne zu antworten.

Entweder wollte er in die Angelegenheit nicht verwickelt werden, oder er wollte mit einem Menschen, der ihm keinen Rat geben konnte, nichts zu tun haben.

Ich trat wieder ans Fenster. Vor der Wäscherei stand ein Mann auf den Schultern eines anderen und hantierte mit einem Messband. Sie waren also noch nicht ins Innere der Wäscherei gelangt. Die Alarmanlage heulte.

»Wie wär's mit einem Sandwich?«, fragte ich, aber die beste Ehefrau von allen gab keine Antwort, denn sie schlief. Wie sie das fertigbrachte, weiß ich nicht. Ich konnte sie nur stumm beneiden.

Es klopfte an der Tür. Mein Nachbar Felix Selig stand da, in einem rosa Pyjama und mit roten Augen. Ich bat ihn herein. »Was glauben Sie, Selig? Wird das die ganze Nacht so weitergehen?«

In Sachen Elektrizität ist Felix Selig ein wirklicher Fachmann. Er kann zum Beispiel durchgebrannte Sicherungen auswechseln. Die jetzt entstandene Situation erklärte er mir so, dass die Alarmanlage nach einigen Minuten aufhören würde, wenn sie auf eigenen Batterien liefe, aber wenn sie direkt an das städtische Versorgungsnetz angeschlossen sei, dann stünde es schlecht um unsere Nachtruhe.

»Vor ein paar Wochen, bei dem Einbruch in der

großen Möbelfabrik im Norden von Tel Aviv«, berichtete Felix, »gingen drei japanische Alarmsysteme 48 Stunden lang in voller Stärke und hörten erst auf, als die Drähte geschmolzen waren. Aber da hatten die Einbrecher schon längst das Lager ausgeraubt und auf gestohlenen Lastwagen weggeschafft.«

Die Wäschereisirene hörte nicht auf zu heulen.

Es gäbe, so erfuhr ich von Felix, einen neuen Plastikstoff, mit dem man die Fenster nicht nur gegen Zugluft, sondern auch gegen Lärm abdichten könne. Er würde mir ein Muster beschaffen, sagte er. Von seinem jüngeren Bruder, der die Tochter des Abteilungsleiters vom Supermarkt geheiratet hatte. Das junge Paar sei erst vor Kurzem von einer Reise nach dem Fernen Osten zurückgekommen. Soll ein fabelhaftes Erlebnis gewesen sein, sagte Felix.

Draußen hatte sich noch ein zweiter Lärm zu dem des Alarmsystems hinzugesellt. Die Einbrecher versuchten sich mit Schweißgeräten Eingang zu verschaffen. Ein paar müßige Nachtschwärmer standen herum und beobachteten das Geschehen, wobei sie ihre Finger in die Ohren steckten.

Ich fragte Felix, wie viel seiner Meinung nach die Versicherung in einem solchen Fall zahlen würde. 50 bis 60 Prozent des entstandenen Schadens, meinte er. Netto.

Wie man hört, will der alte Wertheimer die Wäscherei verkaufen. Es ist zu viel für ihn. An einem gegenüberliegenden Fenster sahen wir Frau Suschitzky auftauchen. Sie schrie etwas hinunter, was wir des

Lärmes wegen nicht hören konnten. Der Fahrer des Kombiwagens stieg aus und schrie etwas zurück. Selig wollte verstanden haben: »Was haben Sie gesagt?«

Man sah Frau Suschitzky noch einmal aufschreien und dann das Fenster schließen. Plötzlich erfolgte eine donnernde Explosion. Flammengarben schossen in den Himmel über Tel Aviv. Dann war es ruhig. Tatsächlich: ruhig. Auch die Alarmanlage hatte dran glauben müssen. Höchste Zeit.

»Komm schlafen«, flüsterte die beste Ehefrau von allen.

Ich zog die Decke über beide Ohren. Draußen dämmerte der Morgen. Wir werden uns eine andere Wäscherei suchen.

Ein Denkmal für den Spinat

Ich war, in einer Beziehung jedenfalls, kein Kind wie alle anderen. Ich aß nämlich Spinat für mein Leben gern. Vielleicht leuchteten mir die Spielregeln nicht ein. Vielleicht war auch der Spinat daran schuld, weil er so gut schmeckte. Wie dem auch sei, meine Eltern waren verzweifelt: Jedes normale Kind hasste Spinat. Und ihr eigen Fleisch und Blut liebte ihn. Es war eine Schande.

Immer wenn bei uns daheim Spinat auf den Tisch kam und ich meine gute Mutter um eine zweite Portion der grünen Delikatesse bat, wies sie mich scharf zurecht: »Da, bitte sehr! Aber du musst bis zum letzten Löffel aufessen. Oder du bekommst von Mami auf deinen du-weißt-schon-wohin du-weißt-schon-was!«

»Natürlich esse ich alles bis zum letzten Löffel auf«, antwortete ich. »Es schmeckt mir ja.«

»Nur schlimme Kinder essen keinen Spinat.« Meine Mutter sprach unbeirrt weiter. »Spinat ist sehr gut für dich. Es gibt wirklich nichts Gesünderes als Spinat. Und du willst doch gesund sein? Also lass dir ja nicht einfallen, zum Spinat ›pfui‹ zu sagen.«

»Aber Mami, ich ess ihn doch so gern.«

»Du wirst ihn aufessen, ob du ihn gern isst oder nicht! Brave Kinder müssen Spinat essen. Keine Widerrede!«

»Warum müssen sie?«

»Weil sie sonst in die Ecke gestellt werden, bis Papi nach Hause kommt. Und was dann passiert, kannst du dir denken. Also, iss deinen Spinat schön auf. Na, wird's bald?«

»Ich mag nicht!« Es war die natürliche Reaktion des kindlichen Gemüts auf einen unverständlichen Zwang. Damit hatte mich meine Mutter genau dort, wo sie mich haben wollte. Und als mein Vater nach Hause kam, fand er sie in Tränen aufgelöst.

»Siehst du?«, schluchzte sie. »Hab ich dir nicht immer gesagt, du verwöhnst ihn zu sehr?«

Mein Vater versetzte mir daraufhin ein paar schallende Ohrfeigen, und wir hatten endlich ein normales Familienleben. Ich hasste Spinat wie alle anderen Kinder, und meine Eltern waren beruhigt.

Rhapsodie in Grün

Diesen Urlaub hatten wir seit Langem geplant, nun sollte er endlich Wirklichkeit werden. Harte Tage, angefüllt mit Reisevorbereitungen aller Art, waren vorbei und wir unterwegs.

Eine Woche Paris! Oh, là-là! Schon im Luftraum von Rhodos überkam uns jenes für die Israelis so typische Glücksgefühl, weit weg zu sein von unserem Gelobten Land, und als wir unser scheußliches Pariser Fünf-Sterne-Hotel betraten, hielt die Verzückung noch an. Sie sollte noch zwanzig Minuten lang währen. Doch dann geschah es. Ich stand am Hotelfenster und genoss die prachtvolle Aussicht auf die Pariser Fernsehantennen. Plötzlich hörte ich einen schrillen Schreckensruf hinter mir. »O weh!«

Ich wandte mich um und sah, wie die beste Ehefrau von allen mit verstörtem Blick und hektischen Bewegungen ihre Handtasche durchwühlte.

Ich habe an der Seite dieser starken Frau die meisten Kriege im Nahen Osten durchgestanden. Mehr noch, wir haben gemeinsam von der Stadtverwaltung Tel Avivs eine Baugenehmigung erkämpft. Aber in solch hemmungsloser Verzweiflung hatte ich sie noch nie erlebt.

»Mein Gott«, jammerte sie, »ich habe ihn verloren!« Und weg war sie, um sich in den Schluchten der Großstadt zu verlieren. Mich ließ sie mutterseelenallein zurück inmitten der Ruinen halbentleerter Koffer. Stunden vergingen, und ich begann mir langsam Sorgen zu machen. Nur meine lausige französische Aussprache hielt mich davon ab, die Polizei einzuschalten.

Plötzlich wurde die Tür aufgerissen, und die bleichste Ehefrau von allen warf sich haltlos schluchzend aufs Bett. »Ich kann ihn nicht finden … In ganz Paris gibt es ihn nicht …«

»Wen denn, um Gottes willen?«

»Meinen grünen Stift.« Es stellte sich heraus, dass die Gute bei unserer Ankunft etwas vermisste, was sie wie einen Augapfel zu hüten gewohnt war: einen grünen, fettigen Stift, der allein ihren Mandelaugen die rechte Kontur verleihen kann. Ein simpler Buntstift. Nach ihm hatte sie ganz Paris durchforstet, sich von Boutique zu Parfümerie und wieder zurück geschleppt, Dutzende von Stiften ausprobiert, um endlich zerknirscht festzustellen, dass ihr ganz besonderes Grün in Paris nicht zu finden war. Bei dieser Gelegenheit erfuhr ich übrigens, dass es sich um ein Produkt namens »Velvet Green« handelte, hergestellt von einem gewissen »Maybelle of Michigan«. Alles andere gilt nicht.

»Aber Liebling«, versuchte ich sie zu trösten, »hinter deinen Gläsern kann ohnehin kein Mensch die grünen Konturen um deine schönen Augen sehen.«

»Und was ist, wenn ich die Gläser abnehme, du Dummkopf, um sie zu putzen?« Ich habe niemals vorgegeben, Frauen und ihre unauslotbaren Seelen verstehen zu können. Das schwache Geschlecht lebt eben in einer eigenen Welt mit eigenen Gesetzen und eigenen Buntstiften. Frauen sind einfach ganz anders als wir, die Männer. Unter anderem sind sie verrückt.

Mein Weib zum Beispiel setzte sich allen Ernstes hin und begann ein Wehklagen. Unter diesen Umständen sei sie nicht in der Lage, morgen Abend zum Empfang in der Botschaft zu gehen.

»Ohne mein gewohntes Make-up komme ich mir nackt vor«, erklärte sie. »Geh du allein.« Sie zeigte mir ihre geröteten Augen. »Schau dies hier an, das habe ich noch mit meinem alten Stift geschminkt. Und da, auf meinem linken Auge, kannst du sehen, wie das scheußliche Zeug aussieht, das man mir hier in Paris andrehen wollte. Siehst du den Unterschied?«

Ich musterte die beiden Augen mit aller mir zu Gebote stehenden Sorgfalt und konnte nicht den geringsten Unterschied feststellen. Ein grüner Strich ist ein grüner Strich. Punktum. Vielleicht war der linke sogar ein kleines bisschen hübscher. Oder war's der rechte?

»Du hast vollkommen recht«, sagte ich. »Kein Vergleich mit ›Velvet Green‹.«

Unsere unvergessliche Urlaubswoche in Paris drohte in eine grüne Tragödie auszuarten. Die beste Ehefrau von allen verbrachte eine schlaflose Nacht. Von Zeit zu Zeit stand sie auf, um sich im Spiegel zu betrachten. Dann weckte sie mich.

»Schau nur, wie ich aussehe. Eine Katastrophe.« Sie hatte nicht ganz unrecht. Mit ihrem tränenüberströmten Gesicht und den verquollenen Augen war sie wirklich kein erfreulicher Anblick.

Bei längerem Nachdenken stellte ich fest, dass mir die farbigen Striche rund um weibliche Augen noch nie aufgefallen waren. Außer vielleicht bei Miss Piggy von den Muppets.

»Jetzt schlaf, mein Liebling«, murmelte ich unter meiner Decke, »morgen ersuchen wir den amerikanischen Botschafter, dein Zeugs mit diplomatischem Kurier direkt aus Michigan kommen zu lassen.«

Am nächsten Morgen blieb sie im Bett. Womit das Problem zwar nicht gelöst, wohl aber auf eine andere Ebene geschoben war. Ich habe einmal von einer Frau gehört, die eine Plastikspange verloren hatte, mit der sie ihre Haare unterhalb des Kleinhirns zusammenbündelte. Grund genug, aus dem Fenster zu springen … Wegen einer Spange!

»Ich weiß, wie es passiert ist«, wehklagte mein Weib. »Im Taxi ist mir die Handtasche aufgegangen, und der Stift muss herausgefallen sein. Und warum? Weil ich keine einzige Handtasche besitze, die anständig schließt.« Sie hat daheim Handtaschen in erschreckendem Überfluss. Sie besitzt sie in jeder denkbaren Farbschattierung des Regenbogens. Handtaschen aus Leder, Seide, Nylon, Perlon, Dralon, Stroh, Fiberglas, Plexiglas, eine sogar aus Holz. Und zwei aus Blech. »Morgen«, verkündete sie, »kaufen wir eine neue Handtasche.«

Der Kauf einer neuen Handtasche scheint die Lösung sämtlicher Probleme zu sein. Besonders im

Ausland. Einmal, es war in Rom, gerieten wir in einen Streik der Transportarbeiter. Sie kaufte auf der Stelle eine rote Handtasche. In Zypern verstauchte ich mir den Fußknöchel. Sie ging hin und kaufte – erraten. Es war eine besonders große, wenn ich mich recht erinnere, aus gelbem Zelluloid.

»Einen Moment!«, sagte ich zu meinem Klageweib, während meine Gehirnzellen heftig rotierten. »Was hältst du davon, es im Einkaufscenter der US-Army zu versuchen? Ich bin fast sicher, dass wir dort deinen Stift finden werden.«

»Mach dich nicht lächerlich«, erwiderte sie, aber ich war schon unterwegs. Unser Glück stand auf dem Spiel, vielleicht unsere Ehe. Vor allem aber unsere Urlaubswoche in Paris.

Zunächst ging ich in den nächstbesten Frisierladen und kaufte einen einfachen grünen Stift ohne irgendeine Markenbezeichnung. Dann suchte ich einen Juwelier in der Nähe der Oper auf und bat ihn, auf die Hülle des Stiftes die Worte »Velvet Green, Maybelle of Michigan« in goldenen Lettern einzugravieren.

Der Juwelier verzog keine Miene. Er kennt seine Touristinnen. Um es kurz zu machen: Einige Stunden später kam ich ins Hotel zurück, näherte mich der verweintesten Ehefrau von allen und überreichte ihr den Stift.

»Tut mir leid, Liebling, ich habe den Amiladen von oben bis unten durchsucht, aber das ist alles, was ich gefunden habe.« Die Gute erblickte meinen Buntstift, und ihr Antlitz verklärte sich.

»Du Trottel!«, schrie sie. »Das ist er doch! Das ist genau der, den ich überall vergeblich gesucht habe!« Sie stürzte zum Spiegel und zog einige sehr grüne Striche um ihre leuchtenden Augen. »Na also! Siehst du den Unterschied?«

»Natürlich. Ich bin doch nicht blind.« Meine dankbare Gemahlin überreichte mir sämtliche 43 Augenstifte, die sie in 43 Pariser Geschäften gekauft hatte. Sie stellte mir anheim, damit nach Gutdünken zu verfahren.

Und so setzte ich mich hin und schrieb zum Unterschied von George Gershwin, dessen Gattin vermutlich blaue Augenstifte verwendet haben dürfte, diese Rhapsodie in Grün.

Die Stromrechnung

Ich komme eines Tages zum Essen nach Hause, und die beste Ehefrau von allen empfängt mich mit grimmigem Gesicht. »Eben haben wir die Stromrechnung bekommen«, verkündete sie, »sie beträgt 9293 Schekel, und das alles wegen deines idiotischen Schachcomputers.«

»So?«, erwiderte ich höhnisch. »Und wer schläft jeden Abend bei angedrehtem Radio ein und lässt, verdammt noch mal, alle Lichter brennen?«

Meine Frau schlug vor, von etwas anderem zu reden, und verlegte sich auf die Kinder, die den ganzen Tag den gottverfluchten Plattenspieler laufen ließen. Ich prüfte die Mammutrechnung von hinten und vorn und fand heraus, dass das israelische Elektrizitätswerk die Stirn hatte, 9293 Schekel für Dezember und Januar zu fordern, zahlbar binnen einer Woche oder …

»Das ist glatte Ausbeutung«, kommentierte die beste Ehefrau von allen. Während ich nachdachte, begann das Telefon zu läuten, und Herr Geiger von nebenan stöhnte durch den Hörer: »Sie wollen von mir 13 712 Schekel …«

Als Nächstes erschien Frau Blum, um die Stromrechnungen zu vergleichen. Ihre Rechnung, die sie mit beängstigendem Gekicher unter unsere Nasen hielt, betrug 11 691 Schekel.

»Also gut«, sagte ich zu meiner Frau, »dann muss

ich eben zum Anwalt gehen.« Ich fand ihn in seinem Büro. Er starrte auf eine Stromrechnung in der Höhe von 16310 Schekel. »Scheiße«, knurrte er leise vor sich hin. »Eine Schätzung nennen die das, basierend auf dem Durchschnittsverbrauch, der Teufel soll sie holen.«

Es stellte sich heraus, dass das E-Werk die Methode, den Stromverbrauch vom Zähler abzulesen, aufgegeben hatte. Sie orientierten sich jetzt an einem »Verbraucherkorb«, berechnet nach der weltweiten Energiekrise, dem Goldpreis in Hongkong und den Straßenkämpfen in Kabul.

»Also«, fragte ich meinen Anwalt, »was soll ich tun?«

»Zahlen Sie nicht durch die Bank«, riet er mir. »Schicken Sie einen Verrechnungsscheck mit der Post. Bis der eintrifft, haben Sie von der Inflationsrate von vier Tagen profitiert.«

Ich ging nach Hause, kochend wie ein elektrischer Samowar. »Das werden sie mir teuer bezahlen«, schwor ich. »Zum Henker mit dem E-Werk und dazu gleich mit der Regierung und Mister James Watt und dem ganzen Mist!«

»Hallo, warten Sie einen Moment!« Mein Nachbar Felix Selig lief hinter mir her. Er hatte immer schon einen untrüglichen Instinkt dafür, mich in Gespräche zu verwickeln, wenn ich nicht gestört sein wollte. Jetzt kam er mit mir nach Hause. »Wie hoch«, stöhnte er und wandte sich an die beste Ehefrau von allen, »wie hoch ist Ihre Rechnung?«

Meine Frau schaltete rasch. »Wie hoch«, entgegnete sie, »wie hoch soll sie schon sein? 300 Schekel und ein paar Piaster wie immer!« Ich weiß nicht, warum sie das getan hat. An sich ist er kein übler Bursche, dieser Felix. Einmal hat er sogar meiner Frau einen Reifen gewechselt. Aber jetzt wollte die beste Ehefrau von allen sich an irgendjemandem schadlos halten. Wenn meine Frau will, kann sie recht tückisch sein. Ich auch. »Was ist denn los?«, fragte ich Felix. »Was ist geschehen, mein Freund?« Felix zeigte mir seine Rechnung, die aus allen Nähten platzte. Man wollte von ihm 17 881 Schekel und 75 Piaster. Die beste Ehefrau von allen betrachtete die Summe höchst erstaunt. Madame de Sade in Hochform. Unser armer Nachbar stand ratlos daneben, ein Bild des Jammers. »Ich verstehe das nicht«, hauchte er. »Wir haben doch schon alle unsere Glühbirnen ausgetauscht. Die stärkste hat 40 Watt.«

»Was«, fragte meine Beste, »Sie beleuchten Ihr Haus immer noch mit elektrischem Strom? Kein Wunder, dass Sie so eine Rechnung bekommen. Wir«, flötete sie, »sind schon vor Monaten auf Kerzen übergegangen. Bei Petschik bekommt man ein Dutzend zu 15 Schekel, und das reicht für eine ganze Woche. Wir haben zwei in jedem Schlafzimmer, drei im Wohnzimmer und eine auf dem Klo.«

»Es würde mich nicht überraschen«, fügte ich hinzu, die Lage überschauend, »wenn Sie mir jetzt erzählen, dass Sie immer noch Ihre Waschmaschine verwenden.« Selig schluckte. Wir fühlten eine Welle schöpferischer Lust.

»Natürlich benutzen wir unsere Waschmaschine auch noch«, übertraf meine Frau sich selbst, »aber nur Freitag abends. Dann drehen wir sie mit der Hand. Was das Bügeln betrifft, so spritzen wir nur etwas Wasser auf die Wäsche und setzen uns drauf. Was sonst soll man tun? Heißes Wasser verwenden wir nur noch zum Kopfwaschen. Zwei Wochenendbeilagen, ein Streichholz, und schon knistert ein fröhliches Feuerchen im Zimmer, ein Wassertopf darauf und das wär's.«

Felix, dieser Verschwender, war kurz vor dem Zusammenbruch. Aber uns konnte nichts mehr aufhalten. Ich eröffnete ihm, dass wir das Radio nur noch zur Bibelstunde aufdrehen und den Fernsehapparat längst eingemottet haben. Mein Schwager ruft nun täglich um neun Uhr abends an und erzählt die Nachrichten übers Telefon. Felix war sprachlos. Die beste Ehefrau von allen blickte hastig nach der Uhr.

»Oh, meine Güte«, rief sie aus, »du musst dich beeilen, Ephraim, sonst macht dir die Eisfabrik in Jaffa vor der Nase zu. Wir haben den Kühlschrank nämlich auf Eis umgestellt«, erklärte sie Felix. »Jeden zweiten Tag einen halben Eisblock, und er bleibt kalt. Wer braucht überhaupt noch elektrischen Strom?«

»Eine Minute«, raffte sich Selig zu einem letzten Widerspruch auf, »und was kostet der Treibstoff nach Jaffa und zurück?«

»Nichts«, sagte ich. »Ich gehe natürlich zu Fuß.«

Schweigen. »Dann erklären Sie mir bitte«, flüsterte der Verschwender, »wofür zahlen Sie noch 300 Schekel?«

»Mein Mann benutzt einen elektrischen Bleistiftspitzer«, gestand die beste Ehefrau von allen schamhaft. »Aber er hat mir versprochen, dass er sich ab morgen auf Kugelschreiber umstellt.«

Schweigend schüttelten wir uns die Hände, und Felix wankte nach Hause. Leicht beschwingt unterschrieb ich einen Scheck über 9293 Schekel fürs E-Werk. Dann traten wir ans Fenster und beobachteten Seligs Haus gegenüber. Nach und nach gingen alle Lichter aus, und dann betrachteten wir wohlgefällig das flackernde Kerzenlicht in seinem Wohnraum.

»Glühwürmchen«, sagte ich zu der besten Ehefrau von allen, »unser armer Nachbar scheint ein Opfer der Energiekrise geworden zu sein.«

Reisen bildet

Als mein Töchterlein Renana zwölf Jahre alt wurde, also nahezu an der Schwelle der weiblichen Reife stand, nahm ich sie zur Seite und fragte sie, mit welchem Geschenk ich sie an diesem außerordentlichen Geburtstag wohl am meisten erfreuen könnte. Natürlich war die tragbare Mini-Stereo-Apparatur nicht als Geschenk zu bezeichnen, weil sie ja heutzutage als unumgängliche Lebensnotwendigkeit betrachtet werden muss. »Ich«, sagte meine herangereifte Tochter, ohne auch nur eine Sekunde zu zögern, »ich will nach Paris.«

Damit konnte kein Mensch rechnen. Nicht einmal ich.

»Paris?« Ich wollte es bestätigt haben. »Wieso Paris?«

»Was?« Sie sagt immerzu »Was?«, ehe sie eine Frage beantwortet. Sie scheint das für ihre persönliche Note zu halten, eine Art von Vorwahlnummer. »Ich habe dich gefragt«, wiederholte ich geduldig, »warum du nach Paris willst.«

»Weil es im Ausland ist.«

»Im Ausland ist vieles«, sagte ich. »Vergiss diesen Unsinn und denk dir ein vernünftiges Geschenk aus. Schließlich bist du kein Baby mehr.« Dieses Gespräch hatte ich völlig verdrängt, bis meine Tochter an ihrem Geburtstag an der Hand ihrer

Mutter einem Flugzeug entstieg und Pariser Boden betrat. Ich ergriff ihre freie Hand, und wir begaben uns zu dritt in unser Hotel, um uns in einem Eineinhalb-Zimmer-Apartment gemütlich einzurichten. Für das Pariser Geburtstagsfestival hatten wir ganze fünf Tage vorgesehen, also begann die beste Ehefrau von allen, mit meiner Unterstützung in unserem halben Zimmer die Koffer auszupacken, während Renana sich malerisch auf dem einzigen Recamier-Sofa des ganzen Zimmers drapierte und blasiert zur Decke starrte. »Uff«, schien ihr Blick zu sagen, »was jetzt?«

Der Vorwurf in ihren Augen war unübersehbar. Wozu in drei Teufels Namen hatten wir sie in diese verlauste Stadt geschleppt?

»Hör mir zu, mein Kind«, sagte ich zu meinem Kind, »wir sind nicht zu deiner persönlichen Unterhaltung da. Also such dir eine Beschäftigung, bis wir mit dem Auspacken fertig sind. Da drüben steht ein Fernsehapparat.«

»Was?«

»Fernsehapparat.« Renana schleppte sich zum TV-Gerät und drückte missmutig einige Knöpfe. Nach wenigen Sekunden waren auf dem Bildschirm die markanten Züge des Präsidenten Mitterrand zu sehen. »Der spricht ja Französisch.« Renana war angewidert. In der Schule hatte sie drei Jahre lang Französisch gelernt, meine Renana. Der Taxichauffeur am Flughafen entdeckte – vielleicht wegen ihrer roten Haare – eine gewisse Affinität zu meiner Tochter, also fragte er sie auf Französisch, ob sie Französisch könne?

»Yes«, antwortete meine Tochter und beendete damit die Konversation. Was Mitterrand seiner Nation mitzuteilen beabsichtigte, werde ich nie erfahren, denn Renana drehte ihn mitten im Satz einfach ab. »Diese Stadt ist zum Kotzen langweilig«, verkündete sie. Ich suchte sämtliche hebräischen Zeitungen zusammen, die ich in den letzten vierzehn Tagen erworben hatte, und warf sie ihr vor die Füße. »Uff«, gähnte mein Töchterlein, »da steht doch nichts als Begin, Begin, Begin.«

»Hast du dir nicht irgendein Buch mitgenommen?«

»Was?«

»Ein Buch. Zum Lesen.«

»Lesen? Das kann ich auch zu Hause, oder?«

Ich schlug vor auszugehen, um irgendetwas zu essen, aber sie war nicht hungrig. Ich fand ein großes Kreuzworträtsel in einer unserer Wochenzeitschriften und hielt es vor ihre gelangweilte Nase.

»Ich habe keinen Bleistift«, murmelte Renana und fügte ein Uff hinzu. Mag sein, dass sie ein bisschen beschränkt ist. Vielleicht sollte ich irgendwann mit einem Arzt darüber sprechen. »Ich langweile mich noch zu Tode«, bemerkte Renana. Ich hielt die Zeit für gekommen, endlich meine Sensation zu produzieren. Ein ganzes Jahr lang hatte ich, wo immer ich auch ging und stand, Rubiks berühmten Zauberwürfel in der Tasche. Obwohl es mir noch nie gelungen ist, alle

Farben auf die gleiche Seite zu drehen, oder vielleicht gerade deshalb. Um mein Dekorum zu wahren, drehte ich die Farben des Würfels einige Male hin und her, dann reichte ich ihn der kleinen Madame Recamier. »Schau einmal, ob du die Farben ordnen kannst.«

»Was?«

»Ordnen.«

Meine grenzdebile Tochter nahm den Würfel mit trotziger Miene in Empfang, drehte seine Bestandteile kurz hin und her, um ihn mir herablassend zurückzureichen. Überflüssig zu bemerken, dass natürlich alle Farben dort waren, wo ich sie noch nie hingebracht hatte. Offenbar war es Anfängerglück. Anfängerglück oder Zufall. Wie dem auch sei, sie war wieder gelangweilt. Zugegeben, zehn Pariser Minuten waren vergangen, aber wir hatten noch fünf Tage zu bewältigen.

»Uff«, sagte meine Tochter, »was mach ich nun?«

»Was würdest du zu Hause tun?«

»Was?«

»Zu Hause. Was würdest du tun?«

»Zu Hause habe ich Nava.«

Nava ist, wie erwähnt, ihre Busenfreundin von gegenüber. Nichts Außergewöhnliches, aber immer da, wenn man sie braucht. Einen Moment spielte ich mit dem Gedanken, Navas Eltern anzurufen, damit sie ihre Tochter nach Paris schicken. Ich kann sie zwar nicht ausstehen, aber darauf war jetzt keine Rücksicht zu nehmen.

»Ich glaube nicht, dass ich Nava hier haben möchte«, sagte meine kleine Gedankenleserin, während sie flach auf dem Rücken lag und an ihren Nägeln kaute, »sie geht mir furchtbar auf die Nerven.«

»Warum versuchst du nicht, hier im Hotel irgendeine Freundin zu finden«, schlug ich ihr, einfallsreich wie immer, vor. »In der Hotelhalle habe ich einige sehr nette Mädchen aus Pakistan gesehen.«

Renanas Gesichtsausdruck sagte eindeutig: »Der Mann ist nicht bei Trost.« Ich schlug ihr verschiedene Spiele vor: Blinde Kuh, Verstecken, Personen raten ... irgendwas ... Renana würdigte mich keiner Antwort. Ich eilte hinunter zur Rezeption, um Spielkarten zu besorgen. Als ich zurückkam, war Renana in Tränen ausgebrochen. Aus Langeweile vermutlich.

»Also«, rief ich mit meiner fröhlichsten Lieb-Väterchen-Stimme, »wer spielt mit mir Karten?«

»Was?«

»Karten. Spielen wir ›Ziehen‹.«

»Ziehen« ist ein hochgeistiges, aufregendes Kartenspiel für beliebig viele Teilnehmer. Jeder zieht eine Karte aus dem Paket, und wer die höchste Karte hat, gewinnt. »Uff«, sagte Renana, »ein besonders blödes Spiel.«

»Aber Liebling«, warf ihre Mutter ein, »zu Hause spielst du es doch immer stundenlang.«

»Zu Hause«, erwiderte Renana mit mühsam unterdrücktem Zorn, »wir sind nicht zu Hause, sondern in Paris, oder?«

Ich nahm ihren Gedanken auf. »Wenn schon Paris,

dann sollten wir doch in ein Museum gehen …« Nie im Leben werde ich diesen Blick vergessen.

»Museum?«, sagte Renana angewidert. »Ich will nach Hause!« Das war die erste vernünftige Äußerung, die sie seit ihrer Ankunft von sich gab. Wenn das Kind nach Hause will, soll sie nach Hause. Der Haken war nur das Datum auf ihrem verbilligten Rückflugticket. Von jener Stunde der Glückseligkeit trennten uns ganze fünf Tage.

Die beste Ehefrau von allen schlug vor, etwas zu singen, damit die Zeit schneller verging. Ohne nachzudenken, stimmte ich ein frohgemutes »Hava-Nagila-Hava« an, aber das Lied erstarb auf unseren Lippen, als wir Renanas gerunzelte Stirn sahen.

Was nun? Ich beherrsche keine Kartenkunststücke, für Eiscreme war es zu kalt, und das Bolschoitheater ist nicht in Paris. Also was tun? »Möchtest du vielleicht Schnurspringen?«, fragte meine Frau behutsam. Renana stand wortlos auf, ging ans Fenster und starrte auf den Pariser Antennenwald. Uff!

»Ich glaube, dass es hier im Hotel einen Swimmingpool gibt«, versuchte ich es aufs Neue.

»Was?«

»Schwimmen.«

»Ödet mich an.« Ich weiß nicht, was als Nächstes geschah. Oder besser, ich weiß es genau. Ich packte eine große Alabastervase, die auf dem Tisch stand, erhob sie hoch über meinen Kopf und schmetterte sie auf den Boden. »Das ödet dich an?«, brüllte ich, von patriarchalischem Zorn übermannt. »Von mir aus kannst du angeödet bleiben bis ans Ende deiner Tage. Ich habe genug!«

Renana bückte sich, hob einige Scherben der Vase vom Teppich auf und eilte in eine Ecke des Zimmers. »Schön«, sagte sie, während sie sich in den Türkensitz begab, »damit kann ich ›Steinchen‹ spielen.«

Und schon begann sie, die Alabasterscherben einzeln in die Höhe zu werfen, um sie nach einem unergründlichen Spielritual wieder aufzufangen. Sie warf und fing, warf und fing …

Ich fragte mich, wie lange man das um Gottes willen betreiben könnte! Die Antwort war einfach. Fünf Tage lang. Fünf Tage in der herrlichen Stadt Paris verbrachte Renana damit, am Boden des Hotelzimmers zu sitzen, um kleine Stücke einer zerbrochenen Vase in die Luft zu werfen und aufzufangen …? »Danken wir Gott für diese Scherben«, flüsterte die beste Ehefrau von allen.

»Was?«

»Scherben.«

Nach fünf Tagen kehrte Renana glückselig nach Hause.

»Es war großartig«, erzählte sie ihrer Freundin Nava am nächsten Tag. »Paris ist spitze.«

Reisen bildet.

Babysitter

Kürzlich, an einem subtropischen Abend, klingelte es an unserer Wohnungstür. Es war Jecheskel von gegenüber. »Tut mir leid, Sie zu so später Stunde zu stören, aber ich würde Sie gerne um eine große Gefälligkeit bitten«, katzbuckelte mein Nachbar. »Wir bekamen eben zwei Freikarten zur Generalprobe eines Musicals geschenkt, aber wir können unseren Danny unmöglich allein lassen. Der Kleine ist erst sieben, und unser Babysitter will nicht kommen, weil die Klimaanlage kaputt ist. Daher wollten wir Sie herzlich bitten …« Ganz Großmut und gutnachbarliche Gefühle nahm ich einen spanischen Fächer aus der Vitrine und ging mit Jecheskel hinüber. Frau Jecheskel war völlig überrascht über meine Hilfsbereitschaft, obwohl sie uns schon in Abendgarderobe erwartete. Ich wurde noch schnell in Kenntnis gesetzt, was ich alles zu tun hätte, falls der liebe Kleine aufwachen sollte. Dann gingen sie beruhigt in die Generalprobe.

Ich beschloss, bevor ich es mir mit einem Buch gemütlich machen wollte, schnell noch einen Blick auf den kleinen Danny zu werfen. Ich wollte wissen, welcher der kleinen fußballspielenden Lausbuben er war, die regelmäßig die Azaleen in unserem Garten zertrampelten.

Das Kind schlief friedlich im Bettchen, seinen Teddybären im Arm. Er hatte die Decke weggestrampelt. Ich beugte mich pflichtbewusst über ihn, um ihn zuzudecken. Und weil es in seinem Zimmer ziemlich heiß war, drehte ich den elektrischen Ventilator an. An das Folgende kann ich mich nicht mehr genau erinnern. Ich bekam einen schrecklichen Schlag, hörte mich aufschreien und fiel in Ohnmacht.

Als ich wieder zu mir kam, lag ich am Boden, und Klein Danny beugte sich besorgt über mich. Auf meine Stirn hatte er einen nassen Waschlappen gelegt und zwischen meine Lippen eine Cognacflasche geschoben. Nach einiger Zeit konnte ich mich vorsichtig aufsetzen.

»Du hast einen elektrischen Schlag bekommen, Onkel«, beruhigte mich Danny. »Aber keine Sorge, du bist bald wieder o. k. Ich mach dir jetzt einen starken Kaffee.«

Er stellte Wasser auf, rief den Arzt an und fragte mich, ob es mir etwas ausmachte, einige Minuten lang allein zu bleiben. Nach kurzer Zeit kam er mit einer Schachtel milder Beruhigungstabletten zurück. Dann bettete er mich auf die Couch und blieb so lange neben mir sitzen, bis ich einschlief. Als die Jecheskels nach Hause kamen und mich aufweckten, war ich ganz der Alte.

»Wir wissen gar nicht, wie wir Ihnen danken sollen«, sprudelten sie vor Freude, »wir stehen tief in Ihrer Schuld.« Ich sagte, es wäre nicht der Rede wert, ich hätte nur meine Pflicht getan, und wandte mich zum Gehen.

Im Flur hielt mich der kleine Danny auf. »Macht 120 Schekel, Onkel«, sagte er. »Der Nachttarif für einen Babysitter.«

Schnarcherei

Nein, das war nicht der liebe, alte, junge, fröhliche Gerschon, wie wir ihn kennen und lieben. »Meine Ehe ist gescheitert«, klagte er, »nach 27 glücklichen Jahren. Aus.«

Er blickte traurig auf seinen Ehering. Auch um seine Augen lagen Ringe.

»Es begann ungefähr vor einem Monat«, erzählte er. »Wir gingen sehr früh schlafen, Gloria und ich, weil der Fernseher in Reparatur war. Wir fielen todmüde ins Bett, schliefen sofort ein, und dann um zwei Uhr in der Früh passierte es.«

»Was passierte?«

»Gloria weckte mich. ›He!‹, sagte sie. ›Du schnarchst wie eine Motorsäge, Gersch.‹ Ich war höchst erstaunt. Ich? Schnarchen? Ein so gesunder Mensch wie ich, der nichts auf der Welt so sehr hasst wie Lärm? Kurz, um fünf weckte sie mich weniger zärtlich. ›Verflucht und zugenäht, du gibst Geräusche von dir wie ein Bulldozer.‹ Ich vergrub mich tief in meine Decken und dachte nach. Träumte mir, ich sei ein junger, hungriger Löwe oder gar ein alter, rostiger Presslufthammer?«

»Mach dir nichts draus, Gerschon«, bemerkte ich, »jeder von uns schnarcht hin und wieder.«

»Hin und wieder, aber doch nicht ununterbrochen so wie ich. Die folgende Nacht war noch schlimmer.

Gegen Morgen schüttete mir Gloria ein Glas kaltes Wasser ins Gesicht. ›Ich halte das nicht mehr aus, Gersch!‹, schrie sie. ›Kannst du denn nichts dagegen tun?‹ O ja, ich hätte schon eine Lösung gewusst. Seit Jahren wollte ich ihr getrennte Schlafzimmer vorschlagen, da ich es liebe, vor dem Einschlafen im Bett ungarische Kreuzworträtsel zu lösen. Aber ich habe nie gewagt, es ihr zu sagen, weil ich fürchtete, ihre Gefühle zu verletzen.«

»Sag mal«, fragte ich Gerschon, »liegst du beim Schlafen vielleicht auf dem Rücken?« »Das wollte mein Hausarzt auch wissen. Er hat mir übrigens geraten, vor dem Schlafengehen ein heißes Fußbad zur Beruhigung zu nehmen. Aber auch das hat nichts geholfen. Gloria musste mich trotzdem jede Nacht mehrere Male wegen meiner Schnarcherei wecken. Am Ende der Woche war ich reif für die Klapsmühle.«

»Erstaunlich, dass du überhaupt noch einschlafen konntest«, entgegnete ich. »Wer sagt, dass ich konnte? Im Gegenteil! Inzwischen war ich in derart panischer Angst davor, zu schnarchen, dass ich nicht mehr einschlafen konnte. Ich starrte im Dunkeln an die Decke und lauschte Glorias ruhigen, gleichmäßigen Atemzügen. Zum Teufel, die Frau atmet so regelmäßig wie ein Metronom, sagte ich mir. Warum, um alles in der Welt, schnarcht sie nicht auch? Und da kam mir die rettende Idee. Ich beugte mich über mein Metronom, rüttelte es wach und sagte bissig: ›Weißt du eigentlich, mein Schatz, dass du auch schnarchst? Und zwar so laut, dass du eine Familiengruft aufwecken könntest?‹

Gloria war wie vor den Kopf gestoßen. ›Ich? Schnarchen? Du spinnst ja!‹ Nun, um es kurz zu machen, in dieser Nacht weckte ich sie viermal auf. In der Früh sagte ich scheinheilig, wahrscheinlich sei alles meine Schuld, denn vermutlich hätte ich sie angesteckt …«

»Blödsinn«, bemerkte ich, »Schnarchen ist nicht ansteckend.«

»Wem sagst du das? Die gute Gloria hatte ja auch keinen einzigen Laut von sich gegeben. Ich war nur in die Gegenoffensive gegangen.«

»Dir ist hoffentlich klar, dass das sehr unfair war?«

»Gewiss. Aber das Leben ist nun mal kein Picknick. Wie dem auch sei, ich beschloss, so weiterzumachen, das heißt, Gloria aufzuwecken, bevor ich selbst in Versuchung käme, zu schnarchen. Und in der folgenden Nacht stellte ich mich tief schlafend, lag jedoch wach und zählte Schafe. Ich nahm mir vor, Gloria in etwa einer Stunde mit dem dringenden Rat zu wecken, schleunigst einen guten Psychiater aufzusuchen.« »Gerschon, du bist ein Schuft«, sagte ich. »Man tut, was man kann. Und außerdem, es kam nicht dazu. Nach kaum zwanzig Minuten begann Gloria wie wild auf meiner Brust herumzutrommeln. ›Es ist eine Qual, Gersch‹, jammerte sie. ›Eine echte Folter. Es wird von Nacht zu Nacht schlimmer!‹«

»Willst du damit sagen, dass Gloria dasselbe Spiel trieb?«

»Und wie! Es stellte sich wahrhaftig heraus, dass ich niemals auch nur geseufzt, geschweige denn geschnarcht hatte. Gloria gestand mir unter Tränen, das ganze Theater mit meiner Schnarcherei sei bloß ein Trick gewesen, weil sie so schrecklich gerne getrennte Schlafzimmer hätte. Sie hatte aber nicht gewagt, mir das zu sagen, um meine Gefühle nicht zu verletzen. Als ich ihr erklärte, dass ich seit langer Zeit den gleichen Gedanken hatte, brachen wir beide in befreiendes Gelächter aus und fielen einander in die Arme. Danach schliefen wir ein, eng aneinandergeschmiegt wie zwei Täubchen, die sich wiedergefunden hatten.«

»Gratuliere!«

»Moment! Ich bin noch nicht fertig. Genau in dieser Nacht, als Glorias Lockenwicklerkopf sanft auf meiner Schulter ruhte und ein süßes Lächeln ihr schlafendes Gesicht verklärte, in jener Nacht, in der ich so glücklich war wie seit langer, langer Zeit nicht mehr – da begann Gloria zu schnarchen.«

»Nein!«

»Doch. Bloß, das war nicht nur ein Schnarchen, das war ein Grollen wie aus einem Vulkan. Nun stell dir die Lage vor, in der ich mich befand. Mein geliebtes Weib ruht laut schnarchend in meinen Armen, und das Letzte auf der Welt, was ich tun kann, ist, sie aufzuwecken, um es ihr zu sagen. Sie hätte mir doch niemals geglaubt. Das Ganze hätte ausgesehen, als wollte ich einen schlechten Witz wiederholen.«

»Ein echtes Dilemma«, musste ich zugeben. »Du sagst es. Im Morgengrauen, als ich drauf und dran war, die getrennten Schlafzimmer doch wieder in Erwägung zu ziehen, kam mir eine Glanzidee.«

»Du hast zurückgeschnarcht!«

»Richtig. Laut und vernehmlich. Mit aller gebotenen Deutlichkeit. Schließlich war das die einzige legitime Art, sie aufzuwecken. Ich habe abwechselnd gepfiffen und geschnarcht, gepfiffen und geschnarcht …«

»Sehr gut!«

»Nicht sehr gut. Sehr schlecht. Denn Gloria befand sich in der gleichen Situation wie ich. Ihr war klar, dass ich ihr niemals glauben würde, wenn sie mich jetzt wachrüttelte, um mir zu sagen, dass ich schnarche. Also stellte sie sich taub und gab vor zu schlafen. Und das ist die derzeitige Lage.«

»Eine verfahrene Situation.«

»Genau. Und das Ärgste ist, ich weiß gar nicht, ob Gloria das Schnarchen nur simuliert, um doch noch ein eigenes Schlafzimmer zu bekommen, oder ob sie tatsächlich ganz ehrlich schnarcht. Es macht mich verrückt, sag ich dir.«

Ich betrachtete die Eheringe unter Gerschons Augen. »Hör zu«, sagte ich. »Ich habe eine Idee. Wenn Gloria heute Nacht wieder zu schnarchen beginnt, dann weck sie auf. Erkläre ihr, du müsstest leider auf getrennte Schlafzimmer dringen, denn diese Totenstille würde dich wahnsinnig machen.«

»Aber sie weiß doch, dass sie schnarcht.«

»Wieso weißt du, dass sie das weiß?«

»Ach, ich weiß gar nichts mehr.« Gerschon stand auf, um zu gehen.

»Sag mal«, fragte er mich bei der Tür, »schnarchst du eigentlich auch?«

»Ich weiß es nicht. Meine Frau will keine getrennten Schlafzimmer.«

Seither habe ich Gerschon nicht wiedergesehen. Und was meinen Schlaf angeht, ist er auch nicht mehr das, was er vor sechzig Jahren einmal war.

Kleingedrucktes

Vorigen Mittwoch wurde ich durch heftiges Klopfen an meiner Wohnungstür geweckt, das von noch heftigeren Fußtritten begleitet war. Von Neugier gepackt öffnete ich die Tür und fand ein bebrilltes Individuum, in dessen Windschatten zwei kräftige Möbelpacker herumlungerten. »Guten Morgen«, sagte der Bebrillte, »wir kommen von der Immobilien-Bank, um Ihr Mobiliar wegzuschaffen.«

Ich fragte naturgemäß, warum, worauf der Bebrillte mir ein Dutzend bedruckter Blätter unter die Nase hielt und mich fragte, ob die Unterschrift auf der gestrichelten Linie die meine wäre?

Ich erkannte sofort die Formulare, die ich vor zwei Monaten als Bürge für meinen Nachbarn Felix Selig unterschrieben hatte, weil er einen Kredit aufnehmen wollte. Leugnen half nichts, ich gestand.

»Na also«, verkündete der Bebrillte. »Hier auf Seite 9, unter der Klausel B 5, Ziffer 138 steht, ich zitiere: ›Ich, der Unterzeichnete, im Folgenden Bürge genannt, verpflichte mich, meinen gesamten Hausrat der Immobilien-Bank zu überlassen, wann immer die Direktion der obenerwähnten Bank den geeigneten Zeitpunkt dafür bestimmt.‹«

Mir brach der kalte Schweiß aus. Ich versuchte, die Vorgänge zu rekonstruieren. Ja, ich war zu irgendeinem Beamten in Felix Seligs Hausbank gegangen, um ihm zu sagen, dass es mein Wunsch wäre – Wunsch? –, für Seligs Kredit zu bürgen, worauf der Beamte etwa ein Kilo eng bedruckter Formulare auf den Tisch legte und befahl: »Unterschreiben Sie hier bitte … und hier … und jetzt da … und da und danke schön.«

Ob ich den Text gelesen habe? Haben Sie, verehrte Leser, schon jemals an einem Bankschalter »Krieg und Frieden« gelesen? »Also tun Sie Ihre Pflicht«, sagte ich dem Bebrillten mit belegter Stimme. Die beiden Gewalttäter stürzten sich auf meine Möbel und wenige Minuten später war meine Wohnung völlig leer. Sie waren gerade dabei, meinen allerletzten Lehnstuhl hinauszutragen, als ein hakennasiger Mensch mit einem Polizisten im Schlepptau des Weges kam. »Ist das Ihre Unterschrift?«, fragte mich der Ordnungshüter, während er auf ein seriös wirkendes Papier hinwies, das ich nach einer Überquerung des Rothschild-Boulevards bei Rot unterschrieben hatte.

Ich identifizierte meine Unterschrift. »Dann muss ich Sie bitten, mich zum Gericht zu begleiten«, sagte der Polizist, »damit Ihr Todesurteil verkündet werden kann.«

Ich blickte noch einmal auf das Papier. Er hatte vollkommen recht. Auf dem Rothschild-Zettel stand: »Der Angeklagte gesteht, in Tiberias einen Doppelmord begangen zu haben und wünscht gehängt zu werden.«

Natürlich hatte ich widerspruchslos auf der punktierten Linie unterschrieben. »Wohlan denn«, flüsterte ich, »ich bin bereit.«

»Einen Moment noch«, sagte die Hakennase, »ich komme in Sachen Herz und Nieren«, und zeigte mir meine Unterschrift auf meiner Lebensversicherungspolice, Seite 12, Absatz 2, 65/d: »Der Versicherte ist verpflichtet, sowohl sein Herz als auch seine Nieren für jeden beliebigen Zweck zu spenden, den die Versicherungsgesellschaft bestimmt.«

Ich sagte: »Gut, meine Herren, lasst uns gehen, möge ich in Frieden ruhen.« Das ist alles.

Mein Begräbnis findet morgen Mittag statt.

Ein ganz normaler Wochentag

»Wenn du die Kinder zur Universität fährst«, eröffnete die beste Ehefrau von allen unsere Betriebssitzung am Frühstückstisch, »dann bring mir auch sechs Flaschen Milch mit. Der Milchmann ist auf Weltreise.«

»Ich kann überhaupt nichts mitbringen«, entgegnete ich. »Heute Vormittag muss ich die Rechnung bezahlen.«

»Welche Rechnung?«

»Keine Ahnung.« Seit zwei Monaten lag irgendein blauer Zettel auf dem Küchenschrank herum, vermutlich von der Stadtverwaltung, denn er enthielt das Wort »Zahlungsrückstand«. Vor einigen Wochen versuchte ich ihn zu lesen, aber als ich zu der Stelle kam, wo die Zahlen vierstellig wurden, regte ich mich so auf, dass ich den blauen Zettel sofort in der Tiefkühltruhe deponierte. Dort landete er neben einem orangefarbenen Schriftstück, auf dem als Überschrift zu lesen war: »Straßenbelag-Zuschlag«. »Was kann ›Straßenbelag‹ heißen?«, fragte ich die beste Ehefrau von allen. »Seit wann werden Straßen belegt?«

»Woher soll ich das wissen?«

»War das nicht die Geschichte, für die wir im vorigen Winter diese städtischen Wechsel unterzeichnen mussten?«

»Nein, damals ging's um die Kanalisationssteuer.« Sie kam mir irgendwie rastlos vor, die beste Ehefrau von allen. Tags zuvor hatte sie das Keuchhusten-Attest unserer Tochter Renana mit der Gebrauchsanweisung für die neue italienische Nudelmaschine verwechselt, was zur Folge hatte, dass wir den ganzen Tag nichts Warmes zu essen bekamen, und seither hustete auch die Nudelmaschine. »Straßenbelag«, grübelte ich vor mich hin, »das muss irgendetwas mit Straßen zu tun haben. Vielleicht hat man eine Straße gebaut, ohne dass wir es gemerkt haben.« »Unsinn«, entgegnete meine Allerbeste, »mein Instinkt sagt mir, dass es etwas mit der Wasserrechnung zu tun hat.«

Wasser ist eines unserer Existenzprobleme. Für die Monate April und Mai bekamen wir eine Wasserrechnung in Höhe von 111 630 Schekel. Ich teilte den Leuten in einem geharnischten Brief mit, dass sie uns wohl mit dem Städtischen Freibad verwechselt hätten und ich nicht bereit wäre, für einen amoklaufenden Computer die Kastanien aus dem Wasser zu holen. Ich erhielt auch postwendend eine grellgelbe Antwort: »Letzte Mahnung, ehe das Wasser gesperrt wird.« Anschließend wurde ich für 26 Tage zum Reservedienst eingezogen. Das mag der Grund dafür sein, dass wir die Sache ein wenig verschlampt haben. Als ich wieder daheim war, fand ich einen weiteren Zettel in der Küche, der uns bei strengster Strafe verbot, einen Wasserhahn aufzudrehen. Dieser Zettel war übrigens rosa. Selbstverständlich legte ich Berufung ein. Das Ergebnis war ein grasgrüner Zettel: »Achtung! Der Inspektor ist bereits unterwegs!« Damit sollte uns klar werden, dass der Inspektor bereits sein Büro verlassen hatte, um uns das Wasser abzudrehen. Er kam niemals an. Seither lässt man uns in Ruhe. Nur einmal hörten wir wieder von den Leuten, als sie uns 16,20 Schekel zurückerstatteten. In Hellbraun.

Jetzt meldeten sie sich wieder, und zwar auf dem Umweg über den Straßenbelag. »Bring das in Ordnung«, sagte die beste Ehefrau von allen. »Sprich mit diesem mageren Kassierer, dessen Namen du dir nie merken kannst. Und wenn du schon dabei bist, kümmere dich auch um die Sozialversicherung.«

Ich wurde blass. »Tu mir das nicht an! Alles, nur nicht die Sozialversicherung. Ich weiß nicht einmal, was das ist.«

»Ich auch nicht.«

Schon seit Wochen waren wir bemüht, das Problem zu lösen. Die Sozialversicherung hatte uns fünf Formulare ins Haus geschickt, weil wir leichtsinnig genug gewesen waren, eine Putzfrau anzustellen. Es ging um 7,12 Prozent Altersversorgung, 0,7 Prozent Arbeitsunfallversicherung sowie 1,831 Prozent für Kinder und andere Unselbstständige. Mindestens zweimal versuchten wir dieses Formular auszufüllen. Beim zweiten Anlauf hatten wir gerade die erste Hälfte geschafft, da ging die Putzfrau in die Flitterwochen, und wir sagten uns, dass wir auch nach ihrer Rückkehr weitermachen könnten. Wir hofften, dass sie nie wiederkäme.

»Ich glaube«, sagte die beste Ehefrau von allen, »man kann auch ohne Putzfrau auskommen. Es ist weniger anstrengend und man muss keine Arbeitgebersteuer zahlen.« Vorgestern hätten wir gepfändet werden sollen. Es erschien ein verschreckter Greis mit einem schwarzen Aktenkoffer, der ständig mit den Augen zwinkerte. Meine Frau versprach ihm stehenden Fußes, aufs Amt zu gehen, um die Sache in Ordnung zu bringen. Dann aber ging sie doch nicht hin. Vor allem deshalb, weil der Zwinkerer vergessen hatte, ihr zu sagen, woher er überhaupt kam.

Der CD-Player im Wohnzimmer begann auch wieder einmal zu streiken. Er spielte zwar noch, aber nur ganz langsam. Also brachte ich ihn zum Elektrofachmann, der aber gerade eine Regatta segelte. Seine Frau sagte mir: »Er kommt Ende der Woche zurück, wenn er nicht wieder ertrinkt.«

In der Zwischenzeit erhielt ich natürlich wegen Falschparkens ein Strafmandat, gegen das ich keinen Protest einlegen konnte, weil ich es zusammen mit meinem Personalausweis verlor. Es war ein ganz normaler Wochentag, wie gesagt.

Bei meiner Rückkehr fragte ich die beste Ehefrau von allen: »Wo sind die Zeitungen?«

»Ich habe dir doch gesagt, dass der Zeitungsjunge im Hungerstreik ist und erst am Ende der Woche wiederkommt. Du musst dir deine Zeitungen schon selber holen.«

Ich holte mir lieber ein Glas Wasser. Die Leitung war noch nicht abgesperrt, wenigstens das. Einige bunte Mahnungen flatterten vom Küchenschrank. Wir sollten unbedingt etwas gegen den Durchzug unternehmen. Die Rundfunkgebühr sollten wir bezahlen und die Hausratversicherung, ganz zu schweigen von der Grundsteuer sowie der Importbewilligungsgebühr für die Nudelmaschine, die wir dem Fiskus oder sonst wem schuldeten. Es erschien sinnvoll, mir am Nachmittag ein Paar strapazierfähige Schuhe anzuschaffen.

»Hast du etwas Geld?«, fragte die beste Ehefrau von allen. »Ich muss die Fernsehantenne bezahlen.« Vorgestern hatte der Wind sie vom Dach geweht.

»Ich habe nicht einen müden Aguroth«, teilte ich ihr mit. »Du wirst zur Bank gehen müssen. Wenn du schon in der Stadt bist, bring ein paar Patronen für den Siphon mit.«

»Geh du lieber. Ich muss Krach schlagen wegen des Geschirrspülers.« Irgendwo im Haus lag sicher die Garantiekarte. Da gibt es gar keinen Zweifel. Nur wo, das wissen wir nicht. Wir bestellten einen Mechaniker, während wir die Rechnung suchten, aber er lässt sich gerade scheiden und kann erst im Juni nach der nächsten Hochzeit kommen.

Auch die Hypothek auf unser Haus wäre fällig. Wir fragten bei der Bank, wann wir das Geld für die Zwangsanleihe aus dem Jahr 1966 zurückbekämen, aber sie hatten keine Ahnung. Möglicherweise, sagten sie, zu Ostern oder übernächstes Jahr oder vielleicht am 2. Februar 1995 abzüglich der Gewerbesteuer.

Da wären noch die Bücher, die wir in die Bibliothek zurückbringen sollten. Wir kamen nicht einmal dazu, einen Blick hineinzuwerfen. Irgendwie hat man viel zu wenig Zeit zum Lesen. Sie haben uns schon die dritte Mahnung geschickt, diesmal in Rot.

Um die Mittagszeit bringe ich das Pipi unseres Hundes ins Labor, auf dem Rückweg lasse ich den Wagen für eine gründliche Motorreinigung in der Werkstatt und kaufe Batterien für das Radio sowie eine Melone. Und einen gebrauchten Rasenmäher. Noch was für heute?

»Ephraim«, sagte die beste Ehefrau von allen, »sollten wir nicht die Steuererklärung endlich ausfüllen?«

»Gern, aber wie?« Ich hatte keine Ahnung. »Eigentlich wollte ich unsere Pässe erneuern lassen«, informierte ich meine Gattin, »dann hatte ich vor, bei der Heeresverwaltung um eine Freistellung anzusuchen. Auch gegen Cholera muss ich mich noch impfen lassen. Leider schließt das Gesundheitsamt um elf und ist nur an ungeraden Tagen geöffnet. An geraden Tagen haben sie Malaria.«

»Das hat Zeit«, meinte die Beste. »Auf dem Rückweg mach einen Sprung in die Wäscherei. Du trägst seit zwei Wochen das gleiche Hemd.«

»Ich weiß«, sagte ich. »Aber wer bringt die Katze zum Tierarzt?«

»Welche Katze?« Sie hat recht. Wir haben gar keine Katze. Ich war ein bisschen durcheinander. Ich eilte zum Telefon und wollte die Feuerwehr anrufen, aber schon nach der ersten Zahl war die Nummer besetzt. Also ließ ich mich auf den Fußboden nieder und aß den rosa Zettel auf. Den mit dem Straßenbelag. »Was sitzt du da herum?«, fragte die beste Ehefrau von allen. »Wir haben wieder einen neuen Finanzminister. Mach die Nachrichten an.«

»Unmöglich. Das Radio hat seinen Geist aufgegeben«, sagte ich. »Auch kein Wunder.«

»Wieso?«

»Keine Ahnung.« Seither sitze ich auf dem Küchenboden und kaue farbige Zettel. Die blauen sind noch immer die schmackhaftesten. Besonders wenn sie frisch sind. So verlebten wir einen stinknormalen Tag ganz ohne jede Aufregung, und schließlich machte sich in mir plötzlich der unwiderstehliche Wunsch breit, unbedingt irgendetwas Neues anzufangen, etwas ganz Ausgefallenes, um nicht an der Öde des grauen Alltags zu verzweifeln. Und da kam mir das blinde Schicksal in Gestalt des Schneiders Kalanit zu Hilfe. Unserem legendären Gipfeltreffen entstammt mein revolutionäres Schreiben, das sodann an die allerzuständigste der zuständigen Regierungsstellen erging. Doch lesen Sie selbst:

Sehr geehrter Herr Finanzminister

»Ich bitte untertänigst um Vergebung, wenn ich Sie in Ihrer höchst verantwortungsvollen Beschäftigung unterbreche. Es liegt mir jedoch als brennendes Anliegen auf der Seele, Ihnen mitzuteilen, dass wir Bürger in diesem Steuerjahr es für unsere edle Pflicht halten, Ihnen voll und ganz zur Seite zu stehen. Wer Ihnen hilft, der hilft schließlich auch sich selbst und seiner kleinen Familie.

Die Idee dazu kam mir in den frühen Abendstunden, als mich Herr Kalanit auf der Straße anhielt. Ohne zu grüßen, rief mir der Schneidermeister zu: ›Soll sie doch alle der Schlag treffen!‹

Kein Zweifel, Herr Kalanit hatte soeben seinen Steuerbescheid erhalten. Er zeigte ihn mir:

Steuerbescheid

Gemäß Verordnung in Sache 904516278/84 erlauben wir uns, Ihnen mitzuteilen, dass der ausstehende Restbetrag des laufenden Abrechnungsjahres sich wie folgt zusammensetzt:

Geschätzte Differenz in Höhe?

von 1,1% aus Vergleichsfond 1000 Schekel

Zinsen der Pfandbriefanleihen aus Rückstandsfrist? 2500 Schekel

10% Rabatt auf Zinsguthaben? 1500 Schekel

Summe der Ausstände bei sofortiger Zahlung 2000 Schekel

›Na ja‹, sagte ich zu Herrn Kalanit. ›Dann müssen Sie eben zahlen.‹ ›Aber das ist alles ein Irrtum‹, schimpfte der Schneider. ›Ich zahle doch schon wie ein Lord alle meine Steuern. Keinen Aguroth schulde ich denen.‹

›Dann wird sich doch sicherlich morgen im Finanzamt die Sache aufklären lassen.‹

›Fällt mir nicht im Traum ein! Soll ich etwa wegen lumpiger 2000 Schekel einen ganzen Arbeitstag verplempern, in düsteren Korridoren herumhocken, unauffindbaren Akten nachlaufen und schon wieder diese blöden Visagen angucken? O nein, ich bleibe schön zu Hause und schicke denen ihr beschissenes Geld per Post. Mich hetzen die nicht noch mal durch die Gegend!‹

›Was wollen Sie dann von mir?‹

›Ich dachte schon, ich krieg eine Gallenkolik. Aber jetzt, wo ich mir alles von der Seele geredet habe, geht es mir viel besser.‹

Und damit ging Herr Kalanit friedlich von dannen, sehr geehrter Herr Finanzminister, während ich in Gedanken versunken nach Hause zurückkehrte. Ich setzte mich auf den Balkon, und bei untergehender Sonne sinnierte ich vor mich hin. Da fiel mir wie ein Blitz aus heiterem Himmel die Lösung ein, wie der Staatshaushalt in Zukunft vor der Schande eines Defizits bewahrt werden könnte.

Die Idee ist so einfach wie die Pfändung eines Fernsehapparates.

Ich dachte die Geschichte einfach zu Ende und sagte zu mir: Das könnte man eigentlich zum System machen. Im Fall unseres Schneidermeisters Kalanit brachte der Fehler eines Steuerbeamten dem Finanzamt die stattliche Summe von 2000 Schekel ein. Dabei handelte es sich jedoch nur um eine einmalige Aktion, die rein zufällig und ohne die nötige Planung zustande kam. Warum sollte dann nicht gleich eine passende Bundesstelle gegründet werden, an die alle Steuerpflichtigen regelmäßig eine festgelegte Summe entrichten können – einfach um sich den Weg dorthin zu ersparen.

Was ist also zu tun? Man beschlagnahmt einfach ein hässliches Haus mitten im Stadtzentrum ohne Parkgelegenheit mit muffigem Treppenhaus und künstlich verdunkelten Zimmern. Dahinein setzt man fünfzehn frustrierte Beamte mit hohem Blutdruck und niedrigem Gehalt. In den Eingang hängt man ein Schild mit der Aufschrift, sagen wir mal: ›Bundesläuterungsamt‹. Natürlich muss auch für Gedränge gesorgt werden, für morsche Schränke mit Modergeruch, für wohlorganisiertes Durcheinander und zu guter Letzt dafür, dass derjenige, der sich heute in die Schlange stellt, erst morgen drankommt.

Dann ist an alle Bürger folgender Bescheid zu richten.

Irrtumsberichtigungsmitteilung

Gemäß Verordnung in Sache L. F. S. 739015689/91a erlauben wir uns, Ihnen mitzuteilen, dass eine eingehende Prüfung Ihrer Steuererklärung des laufenden Abrechnungsjahres die nichtgetilgte Schuld von 3040 Schekel irrtümlicherweise zu unseren Gunsten ergeben hat. Sollte es Ihr Wunsch sein, diesen bedauerlichen Fehler zu bereinigen, so sind Sie freundlich aufgefordert, innerhalb der nächsten drei Tage nach Erhalt dieses Bescheids um 7.30 Uhr in unserer Amtsstelle Ihre Einwände vorzubringen. An Unterlagen sind vorzulegen:

- *Einkommensteuerbelege aus den Jahren 1968 bis zum Stichtag – Leumundszeugnisse aus den Jahren 1949/1955/1961/1972*
- *ein von der städtischen Baubehörde unterzeichneter Bauplan Ihrer Wohnung, in drei Exemplaren ausgefertigt. Sollten Sie den legitimen*

Wunsch hegen, Ihre Schulden protestlos zu begleichen, können Sie sich das persönliche Erscheinen ersparen. In diesem Fall schicken Sie die Kohle plus Mehrwertsteuer und 17,80 Schekel Bearbeitungsgebühr per Post, und die Sache ist erledigt.

Der Beamte des Bundesläuterungsamtes (unleserliche Unterschrift)

Und das wär's auch schon, Herr Finanzminister. Jeder Bürger wird sich jetzt die Gewissensfrage stellen: Lohnt es sich hinzugehen? Es lohnt nicht. Im Gegenteil. Nach vorsichtiger Schätzung werden sich neun von zehn Bürgern ausdrücklich freuen, nicht im Morgengrauen aufstehen und zum Läuterungsamt gehen zu müssen. Stimmung und Moral der Bevölkerung werden sich schlagartig bessern, und auch die fünfzehn kreislaufgeschädigten Beamten werden aufatmen, dass niemand kommt, um ihnen auf den Wecker zu gehen.

Auch Sie, sehr geehrter Herr Finanzminister, werden sich gewiss über die unerwarteten Milliarden freuen, die Sie so mühelos einkassieren konnten. Und Ihre Freude ist unsere Freude.

Stets Ihr ergebener (unleserlicher E. K.)«